经济结构发展与实践研究

王 娟 李巧玲 杨 倩 ◎著

中国商务出版社
CHINA COMMERCE AND TRADE PRESS

图书在版编目（CIP）数据

经济结构发展与实践研究 / 王娟，李巧玲，杨倩著. -- 北京：中国商务出版社，2022.10
ISBN 978-7-5103-4473-2

Ⅰ．①经… Ⅱ．①王… ②李… ③杨… Ⅲ．①中国经济－经济结构－研究②中国经济－经济发展－研究 Ⅳ．①F12

中国版本图书馆CIP数据核字(2022)第192040号

经济结构发展与实践研究
JINGJI JIEGOU FAZHAN YU SHIJIAN YANJIU

王娟 李巧玲 杨倩 著

出　　版：中国商务出版社	
地　　址：北京市东城区安外东后巷28号　　邮　编：100710	
责任部门：教育事业部（010-64283818）	
责任编辑：刘姝辰	
直销客服：010-64283818	
总 发 行：中国商务出版社发行部　（010-64208388　64515150）	
网购零售：中国商务出版社淘宝店　（010-64286917）	
网　　址：http://www.cctpress.com	
网　　店：https://shop162373850.taobao.com	
邮　　箱：347675974@qq.com	
印　　刷：北京四海锦诚印刷技术有限公司	
开　　本：787毫米×1092毫米　1/16	
印　　张：9.5	字　数：196千字
版　　次：2023年5月第1版	印　次：2023年5月第1次印刷
书　　号：ISBN 978-7-5103-4473-2	
定　　价：70.00元	

凡所购本版图书如有印装质量问题，请与本社印制部联系（电话：010-64248236）
版权所有　盗版必究 （盗版侵权举报可发邮件到本社邮箱：cctp@cctpress.com）

前　　言

　　随着经济与金融发展阶段的变化，金融与实体经济的关系也在不断地发生演变。早期的实体经济交易需求产生了金融，那时金融的功能仅仅是支付与汇兑的中介，并不能发挥助推实体经济发展的作用；随着实体经济规模的不断扩张，金融与实体经济开始走向融合。金融通过聚集实体经济的资本积累而发展成了信用的中介，并通过对这些资本的优化配置来促进实体经济发展。现代金融的各种功能创新和结构转变，以及实体经济内部的科学技术、组织形式、管理模式等领域的变革，使金融与实体经济互为对方的外部环境，也将二者发展成为相互控制与相互制约的关系。

　　最近几年，金融市场在经济结构发展过程中发挥的作用尤其引人注目，金融深度与经济增长的正相关性似乎也显而易见。因为发达国家无一例外地拥有发达的金融市场，而且经济越发达，金融市场的深度和广度水平也越高。我国作为一个负责任的大国，经济法要顺应潮流，有所作为，从立法精神、法律价值和指导思想上体现科学持续发展的特点。经济法应追求"社会整体效益"，不应简单看重"经济效益"。不顾代价，一味地追求经济总值的增长，必然会带来一系列问题，最终使社会和经济的发展陷入困境。经济法的基本原则应体现"坚持可持续发展，兼顾当前发展"，经济法的立法宗旨就是实现经济与社会的良性运行和协调发展。

　　本书兼顾理论性与实践性，对于市场经济群体具有很强的实用性和指导性，并结合当前金融市场与经济结构发展的实际情况进行研究，适合从事金融和经济相关的工作人员学习和借鉴。

目 录

第一章 绿色经济发展理论基础 ⋯⋯⋯⋯⋯⋯⋯⋯⋯⋯⋯⋯⋯⋯⋯⋯⋯⋯ 1

　　第一节　绿色经济概述 ⋯⋯⋯⋯⋯⋯⋯⋯⋯⋯⋯⋯⋯⋯⋯⋯⋯⋯⋯⋯ 1

　　第二节　绿色经济的特征 ⋯⋯⋯⋯⋯⋯⋯⋯⋯⋯⋯⋯⋯⋯⋯⋯⋯⋯⋯ 3

　　第三节　绿色经济的理论框架 ⋯⋯⋯⋯⋯⋯⋯⋯⋯⋯⋯⋯⋯⋯⋯⋯⋯ 6

　　第四节　我国绿色的经济发展 ⋯⋯⋯⋯⋯⋯⋯⋯⋯⋯⋯⋯⋯⋯⋯⋯⋯ 9

第二章 绿色经济发展模式构建 ⋯⋯⋯⋯⋯⋯⋯⋯⋯⋯⋯⋯⋯⋯⋯⋯⋯ 18

　　第一节　绿色经济发展模式的原则 ⋯⋯⋯⋯⋯⋯⋯⋯⋯⋯⋯⋯⋯⋯⋯ 18

　　第二节　绿色经济发展模式的绿色能源基础 ⋯⋯⋯⋯⋯⋯⋯⋯⋯⋯⋯ 22

　　第三节　绿色经济发展模式的产业形式 ⋯⋯⋯⋯⋯⋯⋯⋯⋯⋯⋯⋯⋯ 27

　　第四节　多元性的绿色经济发展模式及实现形式 ⋯⋯⋯⋯⋯⋯⋯⋯⋯ 31

第三章 结构调整与经济发展方式 ⋯⋯⋯⋯⋯⋯⋯⋯⋯⋯⋯⋯⋯⋯⋯⋯ 44

　　第一节　经济结构调整及我国经济结构的特征 ⋯⋯⋯⋯⋯⋯⋯⋯⋯⋯ 44

　　第二节　扩大内需与需求结构调整的政策与路径 ⋯⋯⋯⋯⋯⋯⋯⋯⋯ 48

　　第三节　收入分配及收入分配差异的深层原因 ⋯⋯⋯⋯⋯⋯⋯⋯⋯⋯ 49

　　第四节　加快经济结构转型及分配结构调整 ⋯⋯⋯⋯⋯⋯⋯⋯⋯⋯⋯ 55

第四章 经济发展技术结构对策 ⋯⋯⋯⋯⋯⋯⋯⋯⋯⋯⋯⋯⋯⋯⋯⋯⋯ 61

　　第一节　经济增长中的技术要求 ⋯⋯⋯⋯⋯⋯⋯⋯⋯⋯⋯⋯⋯⋯⋯⋯ 61

　　第二节　宏观技术结构的标志 ⋯⋯⋯⋯⋯⋯⋯⋯⋯⋯⋯⋯⋯⋯⋯⋯⋯ 62

　　第三节　我国技术结构的合理化和现代化 ⋯⋯⋯⋯⋯⋯⋯⋯⋯⋯⋯⋯ 64

　　第四节　我国技术结构分阶段改善对策 ⋯⋯⋯⋯⋯⋯⋯⋯⋯⋯⋯⋯⋯ 69

第五章 经济发展就业结构对策 ⋯⋯⋯⋯⋯⋯⋯⋯⋯⋯⋯⋯⋯⋯⋯⋯⋯ 71

　　第一节　就业结构的层次基础 ⋯⋯⋯⋯⋯⋯⋯⋯⋯⋯⋯⋯⋯⋯⋯⋯⋯ 71

　　第二节　职业结构的演变及其未来的发展 ⋯⋯⋯⋯⋯⋯⋯⋯⋯⋯⋯⋯ 73

第三节　职业结构的趋势和对策意见 ··· 75

第六章　企业经济管理发展创新 ··· 77
第一节　企业经济管理发展与创新 ·· 77
第二节　现代企业经济管理存在的问题 ··· 88
第三节　现代企业经济管理创新策略 ·· 90

第七章　经济结构调整中政策工具运用 ··· 94
第一节　产业结构调整中政策工具的使用 ··· 94
第二节　部门结构调整中政策工具的使用 ······································· 108
第三节　区域结构调整中政策工具的使用 ······································· 117
第四节　城乡结构调整中政策工具的使用 ······································· 123

第八章　绿色经济与可持续发展 ··· 131
第一节　可持续发展概述 ·· 131
第二节　绿色经济与可持续发展的关系 ··· 137
第三节　绿色发展与可持续发展 ··· 140

参考文献 ·· 143

第一章 绿色经济发展理论基础

第一节 绿色经济概述

一、绿色经济的内涵

20世纪90年代,"绿色经济"作为一个独立的概念首次被提出,绿色经济被定义为一种可持续发展的经济形态。绿色经济要以当前生态条件为依据,结合现实发展情况建立起一种新的经济发展模式,该发展模式一定要在自然经济和人类可承受的范围之内。在经济发展的同时,确保自然资源的可持续增长能力,从而为经济发展与人类福祉持续提供资源与环境生态的服务。绿色经济在经济活动领域之中应当包含碳排放量的减少与环境污染的降低,以及提高能源与资源的使用效率,进而防止生物多样性缺失及对生态环境的破坏。

自改革开放以来,我国经济社会不断发展,在发展的过程中各种问题也随之而来,尤其是环境问题在一段时间内成为制约我国经济发展的重要因素。绿色经济是以效率、和谐、持续为发展目标,以生态农业、循环工业和持续服务产业为基本内容的经济结构、增长方式和社会形态。绿色经济是以生态经济为基础、知识经济为主导的可持续发展的实现形态和形象体现,是环境保护和社会全面进步的物质基础,是可持续发展的代名词。绿色经济是一个国家或地区在市场竞争和生态竞争中形成的能够发挥比较优势、占有较大国内外市场份额,并成为国民经济主导或支柱产业的绿色产业、绿色产品和绿色企业。绿色经济是充分利用现代科学技术,以实施自然资源开发创新工程为重点,大力开发具有比较优势的绿色资源;巩固提高有利于维护良好生态的少污染、无污染产业,在所有行业中加强环境保护,发展清洁生产,不断改善和优化生态环境,促使人与自然和谐发展,人口、资源与环境相互协调、相互促进,实现经济社会的可持续发展的经济模式。绿色经济是以保护和完善生态环境为前提,以珍惜并充分利用自然资源为主要内容,以社会、经济、环境协调发展为增长方式,以可持续发展为目的的经济形态。

绿色经济的内涵应当包括以下几方面:第一,绿色经济发展的前提是环境和自由;第二,绿色经济的发展目标是协同发展,包括经济、社会和环境;第三,绿色经济发展不仅要追求结果的绿色,更要追求过程的绿色和生态。绿色经济就是经济的可持续发展,这种可持续发展要建立在对资源的保护和充分利用的基础上,保证经济的发展不以损害环境为代价。

二、绿色经济相关概念介绍

循环经济主要从生产的角度来阐述,它源于日趋激烈的市场竞争和不断枯竭的资源。在循环经济模式之下,工业生产投入的资源被分成两大类,分别是生态友好型和技术友好型。生态友好型资源是指那些在生产过程中产生的对环境没有负面影响的废弃物的生产资料,这些资源产生的废弃物将排入自然界生物圈内再循环,从而实现生态型资源的循环利用;技术友好型资源是指在生产过程中产生的对环境有不良影响的生产资料,这些资源产生的废弃物应在生产过程中得到最大限度的利用,并全力减少其排放。循环经济的发展提高了经济和资源的利用效率,推动了经济的健康发展,它可以作为绿色经济的一个重要组成部分。

低碳经济产生的背景是碳的排放量增加导致的全球气候变暖,低碳经济是一类经济形态的总和,当前的低碳经济主要包括低碳发展、低碳产业、低碳技术、低碳生活等。低碳经济的特点是低能耗、低污染、低排放。低碳经济最基本的目标就是要实现经济社会的协调与可持续发展;其最根本的要求就是要通过技术的改进和观念的更新不断提高资源的利用效率,不断降低碳的排放量,从而实现全球的生态平衡。

通过对比分析可以发现,绿色经济与循环经济、低碳经济在发展上的理念是相同的,都是在充分认识人与自然的基础上进行的。通过对三者的研究发现,它们的理论基础也是相近的,发展观和发展路径也比较类似,都是追求提高对资源的利用效率。虽然三者具有如此多的相似之处,但是它们之间的差别还是比较明显的。循环经济的主要目标是应对经济发展中已经出现的能源危机,通过技术的革新和观念的改变增加能源的利用效率以及对资源进行循环再利用。低碳经济在发展上更加注重降低能源的损耗,减少污染量的排放,其主要依靠对能源开发技术的不断革新、改变消费模式、创新经济发展的路径。低碳经济既注重减少碳的排放量,又注重发展新型经济,非常符合当下的时代主题。而绿色经济的立足点是解决当前存在的环境危机,绿色经济的核心思想是以人为本,在发展的过程中既注重对环境的保护,又要全面提高人民群众的生活水平,追求一种人与自然和谐发展的状态,最终能够实现全社会的共同发展和进步。

以上三种经济发展理论都是基于当前人类发展所面临的共同问题而出现的,分别从不同的角度解决问题,每种方法都有其自身的优势。就三种理论的覆盖范围而言,绿色经济理论更加全面,它在内容上涵盖了循环经济和低碳经济,也在发展目标上把二者纳入其中。所以,研究的对象——绿色经济是一种符合当今时代发展需求的、更为全面的经济理论,对绿色经济进行研究能够更加广泛地推动社会文明的进步。

第二节 绿色经济的特征

绿色经济的发展有别于以往的经济发展模式,它注重对人的健康需要的供给和人的发展供给,如果偏离这一目标将毫无意义。根据马克思(Karl Heinrich Marx)的观点,人创造了社会财富,所以社会财富应由人们共享。绿色经济发展注重环境保护,但是并不像唯生态主义者那样只关注生态保护,而忽视经济发展和人的健康发展。绿色经济发展是希望通过人与自然的和谐共生、和谐相处实现人类的永续发展,既不是通过破坏环境来获取发展,也不是以牺牲子孙后代的利益来换取当代的发展,而是兼顾眼前和长远、当代和后代的和谐发展。在对绿色经济进行深入分析的基础上,发现其作为一种崭新的经济形态具有以下一些特征。

一、绿色经济具有绿色文明性和产业性

绿色经济的发展建立在价值观重构的基础上,其更加注重对资源的保护和利用,涵盖了工业生产的各方面。绿色经济追求的是生态和经济价值的最大化,在发展过程中要时刻把观念摆在首要位置,即绿色文明性。随着人与自然关系的不断演变,人类文明进程也在逐步推进。第一次工业革命使人类由农业文明时代迈向工业文明时代,这是历史上一个了不起的进步。第二次和第三次工业革命使人类发展了工业文明,极大地解放和发展了资本主义发展模式,但是也带来了巨大的环境消耗。而作为第四次工业革命的绿色经济革命,将推动人类从黑色的工业文明时代进入新的绿色文明时代。可以说,绿色文明是绿色经济的基本价值观,绿色经济是绿色文明的表现形态,是人类对自然规律、经济规律和社会规律探索的最新集大成,即绿色经济具有文明性。

绿色经济不是孤立存在的,而是依托于相应的产业发展的,因此绿色经济在发展中具有产业性。产业性是绿色经济最直接的外在表现,也是促进原始创新与经济不断循环的重要途径。产业绿色化是一次全方位的产业革命,既包括传统黑色产业的绿化,也包括战略性新兴绿色产业的发展。一方面,新兴产业不能凭空而为,必须依赖传统产业的技术积累、制造能力和产业体系,传统产业已经形成完备的产业配套体系,能够为新兴绿色产业发展提供雄厚的产业支撑和广阔的市场需求;另一方面,要发挥绿色产业的技术优势,加快传统高耗能、高污染、高排放和低效益的产业,如钢铁、水泥、玻璃、化工、有色金属等的改造,淘汰落后产业,突破黑色和褐色产业的利益刚性与发展惯性,提高资源利用效率,降低能耗和碳排放,进一步发展具有比较优势的劳动密集型产业,扩大社会就业。同时,实现绿色产业的绿色转型,要吸引私人和公共资本进入绿色经济领域,发展绿色金融,加大对可再生能源、新能源汽车、环保等战略性新兴绿色产业的绿色投入。在新兴绿色产业发展方面,发展中国家与发达国家差距较小,可充分利用基础理论方面的全球公共知识,加大绿色投入,利用蛙跳原理,发挥自身的后发优势,实现又好又快发展。

绿色经济的发展不是唯经济指标的发展，而是在发展过程中强调通过高新技术作为内生动力，助推人与自然和谐相处、和谐发展，实现经济指标、生态指标及人的全面发展指标相互促进、相得益彰、共同发展，任何一个指标发展的缺位都将影响三个指标的整体效能。绿色经济强调经济发展的关键在于资源环境的永续性、可持续性，子孙后代能够永续享用，即具有代际公平性、生态永续性的特点。因此，必须深入坚持绿色发展理念，利用第四次工业革命技术建立基于生态指标、经济指标、人的全面发展指标为一体的生态化经济发展模式。

二、绿色经济具有消费合理性

绿色经济最终的产出是为消费服务的，绿色经济建立在消费的基础上才是有价值的，才是会持续发展的。农业经济和工业经济的发展破坏了人与自然的依存关系，迫使人们开始寻找一种能够实现经济与资源协调发展的模式，而绿色经济强调经济发展要有利于资源节约、环境保护、消费合理的思想，恰恰符合这样一种模式。在绿色经济模式下，人类以经济、自然和社会可持续发展为目标，将绿色生产生活和生态环境保护统一起来，突出资源节约与合理利用，强调环境保护与经济增长并举。具体来说，绿色经济将自然资源作为研究的内生变量，认识到自然资源的稀缺性，唯有节约资源、减少耗费，经济地使用资源方能解决资源稀缺性与人类无限需求的深刻矛盾；而环境是人类生存的条件和发展的基础，它既能够造福人类，也能毁灭人类。因此，绿色经济要求人类自然地保护环境，降低环境污染，改善生态环境。前三次工业革命使资本主义的过度不合理消费愈演愈烈，消费的急速扩张远远超过了资源能源利用率的提高，而绿色经济要引导大众走向绿色、适度、合理的消费方式，将从根本上扭转无节制的不可持续的消费趋势。

绿色消费主要是指消费行为和消费方式，如尽可能购买散装物品，减少在包装上面的浪费；购买由可循环材料做成的商品；少购买或使用一次性产品，如酒店或饭店里的剃须刀、梳子、塑料餐具等；使用可充电电池，它寿命长久、花费更少，且不会给河流带来污染；买二手或翻新的物品；用能量利用率高的用品；用天然、无公害的物品代替化学制品家具和杀虫剂等。以上种种以及其他方法，可以帮助减少污染、节约能源和抵抗全球气候变化。

在此基础上，还要倡导绿色消费。绿色消费是一种高层次的理性消费，是带着环境意识的消费活动，它体现了人类崭新的道德观、价值观和人生观。绿色消费已得到国际社会的广泛认同，国际消费者联合会从1997年开始，连续开展了以"可持续发展和绿色消费"为主题的活动。人与自然是生命共同体，人类必须尊重自然、顺应自然、保护自然。人类只有遵循自然规律才能有效防止在开发利用自然上走弯路，人类对大自然的伤害最终会伤及人类自身，这是无法抗拒的规律。要建设的现代化是人与自然和谐共生的现代化，既要创造更多物质财富和精神财富以满足人民日益增长的美好生活需要，也要提供更多优质生态产品以满足人民日益增长的优美生态环境需要。必须坚持节约优先、保护优先、自然恢复为主的方针，形成节约资源和保护环境的空间格局、产业结构、生产方式、生活方式，还自然以宁静、和谐、美丽。并指出要推进绿色发展，在发展经济的同时，着力解决突出的环境问题，加大生态系统保护力度，改革生态环境监管体制，实现经济可持续发展。

三、绿色经济具有创新性和公益性

绿色创新本质上是要改变传统生产方式，利用创新要素替代自然要素，提高资源配置效率，使经济发展与自然资源消耗、环境污染逐渐脱钩。绿色创新包括绿色制度、绿色技术、绿色市场以及绿色观念等创新，其中，绿色制度创新有助于正向激励绿色要素聚合，绿色观念创新引导人们改变"先污染、后治理"的思想，绿色技术创新能够提升资源利用和环境治理效率，绿色市场创新推动绿色低碳生活方式和消费模式。我国绿色消费活动涉及衣食住行众多领域。

绿色经济的发展一定是建立在公益性基础上的，这是基于对以往经济发展路径的深刻认识和对人类生存环境的担忧。能够被人们利用的自然资源在一定时空范围内的数量是有限的，而人们对物质需求的欲望却是不断膨胀的，自工业文明以来，二者之间的矛盾越来越凸显。

经济、社会和环境的协调可持续发展是绿色经济的最高宗旨。绿色经济要求遵循生态规律和经济规律，时刻考虑生态环境容量和承载能力。因为环境资源不仅是经济发展的内生变量，而且也是经济得以发展的前提条件。同时，发展绿色经济有利于减少贫困；发展绿色经济有利于增加自然资本投资，从而增强生态环境保护与收入提高的相关性；发展绿色经济可以提高贫困人群拥有的生存资本的存量和质量，扩大其经济交易机会，最终有助于社会发展。此外，当全社会的绿色经济观念和意识增强时，有助于更加广泛地在生产生活中践行绿色经济思想，以实际行动共建美丽地球。无论在环保上还是在经济发展上，绿色经济的发展水平比以往的传统经济发展模式都要有更大的提升和进步。绿色经济强调的人与自然的和谐统一，经济、社会与环境可持续发展的理念，惠及每个国家的每个公民，甚至是人类的永续发展。因此，绿色经济能够吸引各个国家和人民自觉投身于绿色经济发展，即以最小的资源消耗获得尽可能大的经济效益，实现物质文明、生态文明、精神文明协调发展。

四、绿色经济具有低碳性和复杂性

绿色经济的发展是以低碳环保为前提条件的，绿色经济一方面强调生产生活的节能、降耗，即增强能源利用效率，提高可再生能源和新能源的消费比例，尽可能地减少煤炭等不可再生能源的使用；另一方面，强调生产和消费环节应减少碳排放，降低经济发展对环境的损害和资源的消耗，体现了低碳的环保理念。低碳经济已成为世界经济发展的主要特征和趋势。低碳经济作为新的发展模式，不仅是实现全球减排目标的战略选择，也是保证经济持续健康增长的最佳选择。全球经济发展理念和模式的转型为我国经济发展提供了重大机遇。在政府倡导和企业自觉的双向努力下，我国已经成为积极发展低碳经济的引领者。历经数年发展，我国企业目前已经在多个低碳产品和服务领域取得了世界领先地位，其中以可再生能源相关行业最为突出。

绿色经济通过加大绿色投资、提升绿色技术创新、改善绿色组织管理等方式转变粗放的增长模式，提高资源使用效益，减少资源消耗和污染排放，最终实现经济发展。绿色经济模式与传统经济模式最大的区别在于绿色经济模式更具包容性，不仅关注经济的增长，还始终把人的存在状态和发展水平作为关注的核心和思考的起点，认为唯有提高人类福祉和社会公平，为妇女、儿童及贫困地区人口创造更多的绿色就业和收入机会，方能实现环境、经济和社会的可持续发展。绿色经济不仅重视人的获得感的提升和生态文明建设的成效，而且重视社会的发展和进步。绿色经济的供给领域改革不仅包括生产和分配的体制机制供给，而且包括公平供给的落实，使绿色经济的发展公平地惠及每个人。绿色经济强调注重人的环保意识的培养，使环保行为成为每个人的自觉行为，成为一个社会和国家的自觉行为，并且把绿色经济作为衡量社会进步的重要标志，以绿色 GDP 取代传统 GDP。绿色经济是具有复杂特性的经济形态。所谓复杂，是那种发生在秩序与混沌的边缘的状态，是一种既具有亦此亦彼又具有非此非彼、既具有确定性又具有不确定性的过程。绿色经济正是具有这样特性的经济形态。从秩序、现在、危机的视角看，它是以市场为导向、以传统产业经济为基础、以绿色创新为利润增长点的经济增长方式；从混沌、未来、重构的角度看，它似乎又是主要以全球跨国之间的价值认同和国际契约为导向、以可持续发展的微观经济组织为基础、以人类共同福祉为目标、具有新质的经济发展方式。绿色经济的复杂性决定了它还具有或然性特征。它既可以被当作带动新一轮经济增长的创新点，又可以被当作诱发新经济发展的始基因素。众所周知，经济增长与经济发展都是经济进步的表现形式，但前者是原有生产方式基础上量的进步，后者是原有生产方式发生革命性质的转变。从选择的角度看，经济增长方式的创新常有发生，经济发展方式的转变却很少进行，因为那些能诱发生产方式质变的始基因素可遇而不可求。

第三节　绿色经济的理论框架

一、绿色经济的系统框架

绿色经济是将自然资本作为经济发展的内生变量，以绿色文明为基本价值观，以资源节约、环境保护和消费合理为核心内容，以绿色创新为根本动力，通过技术创新与绿色投入，改造传统产业与发展新兴绿色产业，全面绿化整个经济系统，实现绿色增长与人类福祉最大化的经济形态。绿色经济主要由绿色劳动者、绿色企业、绿色市场和中介组织、政府、社会等部门共同参与。因此，应该将绿色经济视为绿色生产、分配、交换、消费的有机系统。绿色经济是经济社会发展到一定阶段的现实选择和必然产物。由于与传统的经济形态相比，绿色经济在核心内容、根本动力及表现形式等方面有着本质的区别，因此绿色经济动态循环过程同其他经济形态也有所区别。

绿色经济系统的外围层是绿色经济系统的基础环境，主要包括绿色制度、自然资本、科技创新、社会保障等。绿色基础环境是绿色经济体系的支撑和保障，也是推动绿色经济持续发展、良性循环的关键内容。稳定的宏观环境，特别是财税制度、科技创新、纠正严重失衡的自然系统和破除资源"瓶颈"是绿色增长的四大来源。具体来说，绿色制度包括以政策法规为主的正式制度和以道德文明为主的非正式制度。而好的制度，特别是那些有利于促进资源有效利用和生态环境保护的制度,有望在长期增加人类福祉,是绿色发展战略的核心。

二、绿色经济的核心框架

(一)绿色生产

绿色生产是绿色经济的重要运行形式,它将自然资源与生态服务纳入生产投入的范畴,以节约能源、降低能耗、减少污染为目标,以技术和管理为手段,将绿色理念贯彻到生产的全过程,创造出绿色产品,以满足绿色消费,实现资源节约和环境改善。从生产流程来看,绿色生产包括绿色决策、绿色设计、采用绿色技术与工艺、绿色采购、绿色营销以及绿色管理等方面;从生产类型来看,绿色生产包括绿色产品生产、绿色服务和劳务生产等。其中,绿色决策是绿色生产的灵魂,它要求生产者摒弃传统粗放的生产方式,在制订生产计划、选择研发方案、确定产品种类等时都必须将资源节约与环境影响考虑在内。在绿色生产环节,绿色管理也是重要的内容。绿色管理是绿色经济的微观实现途径,是生态经济学在现代企业管理的新的发展。绿色管理坚持全过程控制和双赢原则,要求在管理的各个层次、各个领域、各方面、各个过程时时考虑环保,处处体现绿色。因此,绿色管理能够为企业带来差别优势和成本优势,有利于提升企业的社会形象,是提高企业竞争优势的重要手段。

(二)绿色消费

绿色消费是一种以协调人与自然关系为目标,有益于消费者自身、他人身心健康,有利于环境改善的新的消费方式。作为绿色经济活动的起点和终点,绿色消费通过价格机制调节引导产品结构、市场结构以及产业结构的绿色化转变。绿色消费的对象是绿色产品与服务,消费方式是合理适度消费,消费结果是改善健康安全水平。绿色消费的内容极为广泛,涵盖消费行为的各方面,可以用5R原则来概括,即节约资源(Reduce)、环保选购(Reevaluate)、重复利用(Reuse)、循环再生(Recycle)和保护自然(Rescue)。绿色消费根据这五个原则分别对应五种消费类型:节约资源型消费、环保选购型消费、重复利用型消费、循环再生型消费和保护自然型消费。

节约资源型消费指的是在消费中尽量节约使用自然资源,特别是不可再生的资源,同时尽量减少对环境的污染破坏;环保选购型消费指优先选购有利于身体健康和环境保护的消费品,以自身的消费选择来倒逼企业进行绿色生产;重复利用型消费要求在日常生活中尽量减少一次性物品的使用,重复利用各种物品,最大限度地发挥产品的使用价值;循环再生型消费要求对尚有利用价值的消费品进行分类回收、循环利用,减少资源浪费和污染;保护自然型消费又称自然友好型消费,它强调在消费过程中尊重自然、顺应自然、保护自然,以实现人与自然的和谐共处。只有当绿色消费不断扩大,逐渐成为习惯,绿色需求足够强烈时,绿色消费力量才能达到一定水平,方能抵制和抗衡市场的非理性行为,推动绿色市场的健康发展。

（三）绿色市场

绿色市场是绿色经济运行的整体形式，是绿色生产与绿色消费的中间联系。研究绿色市场就是从整体上把握绿色经济的运行状况，以揭示绿色经济的总体特征和运行机理。绿色市场包括商品市场和要素市场。商品市场又包括绿色消费品和绿色生产资料市场；要素市场即绿色生产要素市场。绿色经济的本质要求将经济活动的生态环境影响纳入市场的体系和框架中，这一本质决定了绿色市场与传统市场相比，必须解决影响经济绿色化的两个问题：一是解决经济活动的外部性问题，即如何将外部性内部化；二是价格机制如何反映市场绿色供给与绿色需求的关系。解决外部性内部化的主要理论观点是庇古税[1]和科斯定理[2]，即通过制定自然资本的税收与补贴政策，明确自然资本的产权关系，减少公地悲剧和"搭便车"等市场失灵问题发生，有效地补偿外部性问题中利益受损的一方，保障绿色经济的顺利运行与发展。

（四）三者的关系

绿色生产、绿色消费与绿色市场三者是相互影响、相互制约的。绿色生产是绿色经济体系的基础，以生产过程的生态足迹减少为核心，既满足当前社会需求，又不能损害满足将来需求的生产活动。绿色生产决定绿色消费的对象、方式、质量和水平，要求各种原材料和能源消耗最小化、各种生产浪费最小化。绿色消费作为绿色经济活动的起点和终点，是绿色生产的目的和动力，调节反作用于绿色生产，是绿色经济体系的关键。只有当消费者，包括个体消费者和机构消费者，倾向购买可持续的绿色产品和服务时，生产者才会积极响应消费者的需求，生产绿色低碳的产品和服务。绿色市场是绿色经济体系的重要中介，是绿色生产与绿色消费实现的关键平台，只有通过市场机制方能实现绿色价值。随着绿色生产、交易和消费过程的完成，绿色的生产、交换、分配和消费的循环过程便得以实现。

绿色评价包括对自然资源市场价值的造价评估、对经济增长的质量与构成的考核、对生产生活消耗的资源、人类活动对环境的影响、自然环境对人们财富与福祉的影响等进行评价。强有力的绿色评价将地球边界纳入考量范畴，能够有效地监测与管理三大资本的扩大再生产，解决"搭便车"等市场失灵问题，提高经济发展的质量，实现经济、社会、环境效益的统一。

在短时间内，绿色转型的代价以及政策协调难度大等因素会阻碍绿色政策的实施和制度的完善。在绿色经济理论中，自然资本是同人造资本、人力资本并驾齐驱的三大生产要素。世界银行指出：忽视自然资本就如同忽视人力资本和人造资本一样，是坏的管理方式、坏的经济学，是不利于经济增长的。自然资本不可被人造资本完全替代，由于自然资本的有限性特征，必然会制约以人造资本积累为导向的经济增长。扭转摆脱这一制约的关键在于科技创新。科技创新是绿色经济的动力和关键，对经济总量起到扩张和倍增的作用，有利于提高要素投入的综合生产力，改变三大资本之间的相互关系，释放生产力。一

---

[1] 庇古税是根据污染所造成的危害程度对排污者征税，用税收来弥补排污者生产的私人成本和社会成本之间的差距，使两者相等。
[2] 科斯定理是指在某些条件下，经济的外部性或者说非效率可以通过当事人的谈判而得到纠正，从而达到社会效益最大化。

方面，技术进步与创新使经济增长与自然资本消耗和生态环境破坏脱钩；另一方面，技术进步与创新通过改变生产要素结构，解除由于要素限制对生产力发展造成的阻力。绿色经济以人为本，维护人们较高的生活质量，为人们提供物质保障、健康、自由、安全等，其最终目标是提高人类福利水平。当前，提高人们的物质保障和健康安全的主要要素就是社会保障体系。社会保障要素涵盖教育、医疗卫生、文娱等内容，通过人类日常生活对自然环境系统产生影响，并为绿色经济系统提供绿色的产品和服务，满足经济系统的消费需求。因此可以说，社会保障情况既是绿色经济发展水平的具体体现，又是绿色经济竞争力提升的重要保障，更是实现经济系统、生态系统和社会系统三位一体的基本前提。

第四节 我国绿色的经济发展

一、我国发展绿色经济的探索

我国发展绿色经济新探索既是基于世界各国对绿色经济发展探索的这一全球背景，也是基于过去几十年我国发展绿色经济的既有探索，我国绿色经济是在可持续发展框架下进行的。绿色经济是可持续经济的实现形态和形象概括。它的本质是以生态经济协调发展为核心的可持续发展经济。做好节能减排工作，大力发展环保产业、循环经济和绿色经济，这是我国政府首次把发展绿色经济纳入国务院日常工作。在此基础上，未来我国发展绿色经济需要新探索，而新探索需要全面分析所面临的主客观条件。

二、我国发展绿色经济的主客观条件

我国发展绿色经济主观条件是坚持党的基本路线，客观条件是转变经济发展方式和供给侧结构改革。只有在主客观条件的影响下，我国绿色经济才能实现又好又快的发展。

（一）我国处于经济发展的转型期

绿色经济与传统经济发展模式最大的区别在于经济发展方式的转型，这一判断提出的依据是发达国家的经验和对我国经济发展过程中遇到的问题的思考。自改革开放以来，我国的经济发展取得了举世瞩目的成绩。然而，我国在取得巨大经济效益和社会建设成就的同时也付出了环境、资源和生态方面的代价。鉴于此，为了逐步减少这些代价和避免这些代价的继续蔓延，在未来，我国必须在保护生态环境、减少资源浪费、提高资源利用率的基础上，以科学发展观统领我国未来经济社会发展全局，加快转变经济发展方式。要建设的现代化是人与自然和谐共生的现代化，既要创造更多物质财富和精神财富以满足人民日益增长的美好生活需要，也要提供更多优质生态产品以满足人民日益增长的优美生态环境需要。必须坚持节约优先、保护优先、自然恢复为主的方针，形成节约资源和保护环境的空间格局、产业结构、生产方式、生活方式，还自然以宁静、和谐、美丽。

展望未来，生态环境脆弱、资源相对短缺、环境容量不足，已经成为我国推进现代化建设进程中的严峻挑战，是我们党和国家不得不面对并且必须加以妥善解决的问题。因此，减少资源浪费和提高资源利用率，修复和保护生态环境，加快建设资源节约型和环境友好型社会，促进人与自然和谐发展，成为我国未来多年科学发展的必经之路。

以科学发展为主题，以加快转变经济发展方式为主线，是关系我国发展全局的战略抉择。顺应未来我国经济社会的发展规律和客观要求，在生态、资源和环境系统的承受力、承载力许可的范围内维持经济系统的运行，既是实现经济的可持续增长，也是保证生态、资源和环境的可持续循环利用，更是保证资源节约型社会和环境友好型社会建设的顺利推进。我国是一个发展中大国，正在大力推进经济发展方式转变和经济结构调整，必须把创新驱动发展战略实施好。实施创新驱动发展战略，就是要推动以科技创新为核心的全面创新，坚持需求导向和产业化方向，坚持企业在创新中的主体地位，发挥市场在资源配置中的决定性作用和社会主义制度优势，增强科技进步对经济增长的贡献度，形成新的增长动力源泉，推动经济持续健康发展。我国经济已由高速增长阶段转向高质量发展阶段，建设现代化经济体系是跨越关口的迫切需求和我国发展的战略目标。

（二）我国的发展战略要坚持党的基本路线

自改革开放以来，党和国家的工作重点一直是以经济建设为中心。目前人民对美好生活的需要不仅对物质文化生活提出了更高要求，而且在民主、法治、公平、正义、安全、环境等方面的要求日益增长；我国社会生产力水平总体上显著提高，更突出矛盾是城乡、区域、收入分配等存在的不平衡不充分等问题，这已成为满足人民日益增长的美好生活需要的主要制约因素。社会主要矛盾发生变化，关系全局，影响深远，这对党和国家的工作提出了许多新要求。党的十九大报告特别指出，社会主要矛盾的变化并没有改变我们对我国社会主义所处历史阶段的判断，我国仍处于并将长期处于社会主义初级阶段的基本国情没有变。由此可见，未来我国继续坚持党的基本路线这一问题从主观上直接决定了我国发展绿色经济新探索的总体思路。

回顾我国改革开放多年的发展，正是因为我国始终坚定不移地坚持党的基本路线才取得了举世瞩目的成就。那么，在既有成功和成就的基础上，未来我国应该如何继续坚持党的基本路线呢？在这一问题上，未来必将面临新的发展环境、新的发展任务。与之相适应，党的基本路线的内容、任务、方法、路径也将随之发生根本性的改变。因此，可以通过综观党的基本路线的客观进程和规律，全面把握其中的阶段性，明晰不同时期党的基本路线不同的内容、任务、方法、路径，以便于在未来不同的阶段更加科学、更加实际地坚持和贯彻党的基本路线。

三、我国绿色经济发展新常态

绿色发展是我们党对生态文明认识与实践不断深化的过程。国家对生态文明的认识与实践是一个不断深化和成熟的过程。同时，国家出台了一系列关于生态文明建设的指导意见以及总体方案，如《关于加快推进生态文明建设的整体意见》中就提出了"绿色发展"这一新概念。

改革开放多年来，我国经济社会发展取得了令人瞩目的成就，但发展当中的不平衡、不协调、不可持续的问题同样非常突出，特别是经济发展中的资源环境代价过大，发展质量不高，经济社会发展与人口、资源、环境之间的矛盾日益突出。我国生态环境恶化的趋势虽然在趋缓，但还没有得到根本的遏制。

绿色是永续发展的必要条件和人民对美好生活追求的重要体现，必须坚持节约资源和保护环境的基本国策，坚持可持续发展，走生产发展、生活富裕、生态良好的文明发展道路，加快建设资源节约型、环境友好型社会，形成人与自然和谐发展的现代化建设新格局，推进我国建设，为全球生态安全做出新贡献。

四、人与自然和谐发展

（一）充分发挥政府的作用

人与自然的和谐共生是一个非常根本的理念性的作用，要有度有序地利用自然资源，调整优化空间结构，要划定农业空间和生态空间的保护红线。自然资源、生态空间是有限度的，它不是无限度地扩展的，现在可以根据科学的方法来确定生态的红线，即生态的上限，就应该按照红线的规定来进行经济生产活动，要通过红线来构建合理的四大空间格局，即城市化格局、农业发展格局、生态安全格局、自然岸线格局。

（二）根据资源环境的承载力调节城市的规模

根据资源环境的承载力调节城市的规模是发展绿色经济的一个重要要求。优化城市空间布局和形态功能，确定城市建设约束性指标。按照严控增量、盘活存量、优化结构的思路，逐步调整城市用地结构，把保护基本农田放在优先地位，保证生态用地，合理安排建设用地，推动城市集约发展。例如，北京应该按照人口规模的一个根本的制约因素，即水资源的承载力来调节城市规模和人口数量。

（三）依托山水地貌优化城市形态和功能

依托山水地貌特征来优化城市形态和功能，实施绿色规划、绿色设计和施工标准。特别典型的是各个城市都在建摩天大楼，而摩天大楼都是千篇一律的玻璃幕墙。其实玻璃幕墙并不适合我国的气候，玻璃幕墙最初是在德国、法国这些国家推广的，这很符合它们国家的气候。这些国家处于欧洲中部和北半球偏北的地方，它们有典型的地中海区域的气候特征，冬天相对而言比较冷，夏天也不太热。这种气候条件特别适合玻璃幕墙，夏天不用开空调，所以整个玻璃幕墙的成本不太高；而冬天天气又比较冷，玻璃幕墙可以起到保温、吸收阳光、采光好的作用。但我国的夏天普遍高温，玻璃幕墙吸收了更多的热量，导致现在的建筑能耗非常高，需要大型的中央空调来给玻璃幕墙的建筑进行降温，所以玻璃幕墙不太符合我国城市的要求和形态。

（四）推动传统制造业的绿色清洁与改造

支持绿色清洁发展，推进传统制造业的绿色改造，建立起绿色低碳循环发展的产业体系，鼓励企业进行工业技术装备的更新，不仅仅要看到发展新兴的绿色产业，而且要将传统的制造业进行绿色化改造。绿色制造要求在保证产品的功能、质量的前提下，综合考虑环境影响和资源效率，通过开展技术创新及系统优化，将绿色设计、绿色技术和工艺、绿色生产、绿色管理、绿色供应链、绿色就业贯穿于产品全生命周期中，实现环境影响最小、资源能源利用率最高，获得经济效益、生态效益和社会效益协调优化。传统的制造业通常是高耗能的产业，既浪费大量资源，又造成了大量的环境污染，在此基础上要推动传统制造业的绿色清洁与改造。发展绿色金融，设立绿色发展基金。例如，发展绿色信贷，银行应对这些高能耗、高污染的企业设置一定的限制，如能耗过高、污染过严重的企业，银行就不贷款，用金融的手段来推动绿色发展。

自改革开放以来，我国制造业发展取得了举世瞩目的成就，我国已成为世界第一制造大国和第一货物贸易国，然而，"高投入、高消耗、高污染"的增长模式在较长时期内主导着工业发展，资源浪费、环境恶化、结构失衡等问题突出。当前，在经济新常态下，我国进入工业化后期，制造业仍有广阔的市场空间，同时也面临新工业革命新一轮全球竞争的挑战。后国际金融危机时代，发达国家倡导"低碳发展"的理念，推动绿色经济发展。在这种大的国际国内背景下，我国大力发展绿色制造具有重大意义，不仅是新型工业化、推动我国制造由大转强的重要要求，而且是加快经济结构调整、转变发展方式的重要途径，同时也是应对全球低碳竞争的重要举措，是保障我国能源和资源安全的重要手段。

（五）培养公民自觉的环境保护意识

加强资源环境国情与生态价值观的教育，培养公民的环境意识，推动全社会形成绿色消费的自觉。近年来，我国生态文明宣传教育总体上取得明显成效，但也存在一些问题，如一些地方和部门尚未形成自觉积极开展生态文明宣传教育的氛围，存在"说起来重要、干起来次要、忙起来不要"的现象，工作不扎实、不到位。为解决这一问题，应突出重点，抓好落实，进一步加强生态文明宣传教育。应着力增强三个意识：一是节约自然资源意识。通过生态文明宣传教育，让人们认识到很多资源是不可再生的，随着人口不断增长，加之存在浪费现象，石油紧张、矿物减少、淡水缺乏、粮食短缺等直接威胁人类长远发展，增强节约资源意识，自觉养成节约一滴水、一粒粮、一度电的良好习惯。二是保护环境意识。通过生态文明宣传教育，让人们认识到片面追求经济增长、忽视环境保护必然导致环境灾难，如气候变暖、酸雨频发、土地荒漠化、海洋污染等，这将给人们的生命和财产带来巨大损失；引导人们树立保护生态环境就是保护生产力、改善生态环境就是发展生产力的理念，坚持走可持续发展道路。三是改善生态意识。通过生态文明宣传教育，让人们认识到掠夺式地向自然界索取，无节制地排放废弃物，自然界承受不了，必然带来生态危机，最终将危及人类生存发展；引导人们深刻理解人与自然相互影响、相互作用、相互制约的关系，自觉形成尊重自然、热爱自然、人与自然和谐相处的生态价值观。

五、加快建设主体功能区

要加快建设主体功能区就要加大改革创新力度，积极完善各项相关政策。在推进经济结构战略性调整、促进城乡区域协调发展、引导产业发展布局、保障和改善民生、促进城乡区域基本公共服务均等化、强化节能减排和应对气候变化等工作中，都要按照主体功能区建设的需要，把相关政策区域化和具体化，充分发挥在实施主体功能区战略中的引领和带动作用。从各类主体功能区的功能定位和发展方向出发，把握不同区域的资源禀赋与发展特点，明确不同的政策方向和政策重点。对优化开发区域，要着力引导提升国际竞争力；对重点开发区域，要促进新型工业化城镇化进程；对限制开发区，要增强生态服务功能；对禁止开发区域，要加强监管。把投资支持等激励政策与空间管制等限制、禁止性措施相结合，明确支持、限制和禁止性政策措施，引导各类主体功能区把开发和保护更好地结合起来。通过激励性政策和管制性措施，引导各类区域按照主体功能定位谋发展，约束各地不合理的空间开发行为，切实把科学发展和加快转变经济发展方式的要求落到实处。推进主体功能区建设是一项系统工程，需要有关部门多方协作、相互配合、统筹推进。要按照《全国主体功能区规划》明确任务分工和要求，从发展改革部门的职能出发，突出政策方向和重点，注重把握政策边界，与其他部门配套政策相互支撑，形成政策合力，增强政策综合效应。要正确处理政府与市场的关系，充分发挥市场配置资源的基础性作用。要针对各类主体功能区的不同功能定位，确定不同的调控方向和调控重点，充分发挥政府投资等政策的导向作用，充分调动中央和地方、政府与社会的积极性，引导社会资金按照主体功能区的功能要求进行配置，逐步完善国土空间科学开发的利益导向机制。

加快建设主体功能区，国家虽然已经推动了很多年，但地方的落实还存在很大的差距。要发挥主体功能区作为国土空间开发保护的基础作用，落实主体功能区规划，完善政策，发布全国主体功能区规划图和农产品主产区以及重点生态功能区的目录，推动各地依据主体功能区的定位发展，以主体功能区为基础，统筹各种空间性规划，推进多规合一。

多规合一是指将原来的城市规划、土地利用规划以及环境规划等一系列的相关规划合理地结合起来，因为原来各个规划各管各的事，有的指定这个土地是建设用地，有的指定这个土地是环保用地，所以就会经常出现规划之间"打架"，甚至很多规划从来没有实施过。要想将这些规划合成一个合理的规划，这就需要用绿色发展进行统筹，而用绿色发展的理念将它落到实处。

要推动重点开发区域提高产业和人口的聚集度。有些地方要合理布局产业和人口，现在各个地方的工业园区都在招商引资，但引进来的企业不一定符合当地的发展及产业链的需要。例如，引进来一个钢厂，但当地没有铁矿石的供应，不能进口或无法自己开采，那钢厂就难以为继。所以，要推动重点开发区域的产业和人口的聚集，应将经济发展的主要重点放在重点开发区域上，而重点生态功能区域要实行产业准入的负面清单，高能耗、高污染的企业绝对不能进入重点生态功能区。

加大对农产品主产区以及重点生态功能区的转移支付力度，这就需要国家统筹考虑，对它们进行转移支付。所以，要强化激励性补偿，建立横向性和流域性的生态补偿机制，整合建立一整批国家公园。国家公园的一个最重要的核心是既能够保护自然环境，又能够实现经济效益。我国地大物博，自然景观和人文景观遍布全国，且各具特点，具有发展国家公园的丰富资源。因此，要充分利用景观资源，整合、统筹、着力建设一批国家公园。同时，要维护生物多样性，实施濒临濒危的野生动物抢救性的保护工程，建设救护繁育中心以及基因库。

六、推动低碳循环发展

发展低碳经济要推进能源革命，要加快能源技术创新，建设清洁低碳、安全高效的现代能源体系，要提高非化石能源的使用比例，要推动煤炭等化石燃料的清洁高效使用，加快发展风能、太阳能、生物质能、水能、地热能，安全发展高效的核能，加强储电、智能电网的建设，充分发展分布式能源，推行节能低碳电力调度，有序开放开采权，形成天然气、煤层气、页岩气积极开发的态势，改革能源体制，形成有效的市场竞争。要推动整个能源改革，对于能源战略，一定要有清晰的认识。

（一）推进交通运输业的低碳发展

绿色交通是21世纪以来世界各国城市交通发展的主要潮流，步行、自行车、公共交通在占用交通面积、耗能和废气排放方面比私人小汽车具有明显的优势，是发展城市绿色交通、建设节约型交通体系的有效方式。推进交通运输的低碳发展，优先就是要进行公共交通的绿色低碳发展，加强轨道交通建设，鼓励自行车等绿色出行。现在小汽车带来的污染也非常严重，要实施新能源汽车的推广计划，提高电动车的产业化水平，提高建筑节能标准，推广绿色建筑和建材。绿色循环低碳交通适用于铁路、公路、水路、民航和邮政等领域，在保障实现国务院确定的单位GDP碳排放目标的前提下，全行业绿色循环低碳发展意识明显增强，运行体系机制更加完善，科技创新驱动能力明显提高，监管水平明显提升，行业能源和资源利用效率明显提升，控制温室气体排放取得明显成效，适应气候变化能力明显增强，生态保护得到全面落实，环境污染得到有效控制，基本建成绿色循环低碳的交通运输体系。

（二）加强对高能耗产业的管控

高耗能是指在生产过程中耗费大量的能源，如煤、电、油、水、天然气等。其主要涉及电解铜、电解铝、石油加工、炼焦、化工、铜冶炼、铁合金、电石、烧碱、水泥、钢铁、黄磷、锌冶炼13个高耗能行业。高能耗产业一方面过度消耗了资源：另一方面给环境造成了比较大的污染。要主动控制碳排放，加强高能耗产业的管控，有效控制电力、钢铁、建材、化工等重点行业的碳排放，支持优化开发区域，实现碳排放峰值的目标，实施近零碳排放区域的示范工作。

（三）推行企业循环式生产与改造

我国要实施循环发展引领计划，要推行企业循环式的生产和产业循环式的组合、园区循环式的改造,要减少单位产出的物质消耗,加强生活垃圾分类回收和再生资源回收的衔接。其中,垃圾回收制度是一个非常重要的制度,需要进一步推广,推进生产系统和生活系统的循环链接。

要初步形成绿色循环低碳产业体系,实现企业循环式生产、产业循环式组合、园区循环式改造。全面推行循环型生产方式,单位产出物质消耗、废物排放明显减少,循环发展对污染防控的作用明显增强。同时,还要基本建立城镇循环发展体系,构建新的资源战略保障体系,形成绿色生活方式等。其中,企业循环式生产包括推行产品生态设计,选择重点产品开展"设计机构+应用企业+处置企业"协同试点;推广3R(减量化、再利用、再循环)生产法,发布重点行业循环型企业评价体系。产业循环式组合方面包括推动行业间循环链接,组织实施产业绿色融合专项,在冶金、化工、石化、建材等流程制造业间开展横向链接;建立跨行业的循环经济产业链。园区循环式改造包括新设园区和拟升级园区要制订循环经济发展专项规划,或按产业链、价值链"两链"集聚项目;存量园区实施改造,实现企业、产业间的循环链接,增强能源资源等物质流管理和环境管理的精细化程度等。

七、全面节约和高效利用资源

观念决定行动,行动决定出路。所以要建立起节约集约循环利用的资源观,强化约束性指标的管理,实施能源和水资源的消耗、建设用地等总量的强度与总量的双控。

除了国家的政策支持和引导以外,普通民众的节水、节能意识对绿色经济发展也非常重要,应实施全民节能计划,提高节能、节水、节地、节材、节矿标准,开展能效、水效领跑者引领行动。要严控水资源总量,国家应提出实行最严格的水资源管理制度,以水定产、以水定城,建设节水型社会,合理制定水价,编制节水规划,实行雨洪资源的利用、再生水利用、海水淡化工程。国家非常重视水资源管理,如建设国家地下水监测系统,开展地下水超采区的综合治理。

此外,建立健全用能权、用水权、排污权、碳排放权的初始分配,创造有偿使用、预算管理、投融资机制,培育和发展交易市场,推进合同能源管理和合同节水管理。用市场化的手段来推进环境保护与资源保护是非常重要的一个要素。

土地资源、能源、污染物排放成为现在主要的约束性指标。鉴于此,地方政府也提出了应对之策来面对土地资源、能源、污染物的约束,用企业对一些评价指标进行排序,这些指标有亩均的税收(反映土地的情况)、亩均的销售收入、亩均的工业增加值,这三个指标都反映了对土地的利用效率。另外,还有单位能耗的工业增加值,其反映了能源消耗;单位每吨的化学需氧量(COD)的工业增加值反映了污染物的排放;全人类劳动生产力反映了劳动力要素的素质。根据这些排序,将企业分成三大类,一类是比较好的,二类是中等的,三类是比较差的。比较好的企业会拥有一些政策倾向,如给土地、比较优惠的城镇土地使用税、比较优惠的电价、比较优惠的用能价格、比较优惠的污水处理收费价格、排污权的市场使用价格。地方政府还可以建设一整套交易市场,针对那些的确做得比较差的企业，要提高用地的价格，可以出售一些工业用地；如能耗水平比较低，可以将新增的用能权出售；如排污，结余下的排污权也可以出售，就可以将资源和环保要素盘活。通过这种方式，可以大幅度地倒逼企业进行资源环境的保护与建设。

此外，要倡导合理消费，抵制"四风"，力戒奢侈消费，制止奢靡之风。在生产、流通、仓储、消费等环节要全面落实节约。要管住公款消费，深度开展反对过度包装，反对食品浪费。全社会贯彻绿色消费理念，推动形成勤俭节约的社会风尚。

八、加大环境治理的力度

通过加大环境治理力度来实现绿色发展。要推进多污染物的综合防治和环境治理，实行联防联控和流域共治，要深入实施大气、水、土壤、污染物的防治行动计划，要实施工业污染源全面达标计划，实现城镇生活污水、垃圾处理设施全覆盖和稳定运行，扩大污染物总量的控制范围，将细颗粒物等环境质量指标加入约束性指标。

同时，要坚持城乡环境治理并重，特别强调要加强农业污染的防治制度，统筹农村饮水安全、改水改厕、垃圾处理，推进种养殖业的废弃物资源的循环化、资源化、无害化的利用，这也是一个很重要的方面。在农村，关于环境污染，一个最重要的方面就是传统的农耕方式中对于种植垃圾的处理，即秸秆焚烧。传统的农民习惯于将没有用的秸秆直接在土地上进行焚烧来处理，他们认为这种方式既省事又省力，而且是从祖辈就传下来的方式，并没有觉得有任何不妥。但从环境保护的角度来考虑，这种污染是现下应该予以制止的。在农村，基层干部应该通过画报宣传、田间地头与农户进行交流来向他们传递知识。同时，要普及广大农民群众的环保意识，培养他们的生态环境价值观，只有从内心和思想上形成自觉主动的环境保护意识，才能够真正改变传统的生产方式，发展现代绿色农业。

此外，还有一个重要的领域是改革环境治理的基础，建立覆盖所有固定污染源的企业排放许可制度，实行省级以下环保机构，监测监察执法制度，垂直管理制度。这主要是指省级环保部门直接管理市、地、县的监察监测机构，市地环保局实行以省级环保厅（局）为主的双重管理体制（县级环保局不再单设，而是作为市地环保局的一个派出机构），这是对我国环保体制的一个重要改革，有利于环境执法的统一性、权威性、有效性。而且，要建立全国统一的实时在线的环境监控体系，现在面临的一个问题是环境数据不统一、不一致，这需要通过统一的实时在线的环境监控系统，建立健全环境信息公开发布制度，让老百姓能够得到环境的数据，探索建立跨地区环保机构，开展环保督察巡视，严格环保执法。

九、筑牢生态安全屏障

首先，要坚持保护优先，自然恢复为主，实施山、水、林、田、湖生态保护和修复工程，构建生态廊道和生物多样性保护网络，全面提升森林、湖泊、湿地、草原、海洋等自然系统稳定性和生态服务的功能性。管制用途和修复生态都必须遵循自然规律，这是很重要的一个因素。

其次，要开展大规模的国土绿化行动，加强林业重点工程建设，完善天然林保护制度，全面停止天然林的商业性采伐，增加森林面积和蓄积量，发挥国有林场和林区的绿化国土中的带动作用，要扩大退耕还林、还草，加强草原保护，严禁移植天然大树进城。现在有些城市中的绿化非常快，绿色提升率非常大，但很多是将其他地区的大树移进城，大树移植后很难存活，而且又破坏了大树原先所在的生态环境。同时，要创新产权模式，引入各方资金投入植树造林当中。

第二章　绿色经济发展模式构建

第一节　绿色经济发展模式的原则

绿色经济实质上是一种生态经济可持续发展模式，换言之，它是可持续经济发展模式。现代经济发展的实践表明，任何可持续发展经济问题都涉及人口、科技、文化、教育、政治、制度、伦理、心理、资源、环境等许多领域。因此，在研究创建绿色经济发展模式的过程中，需要明晰绿色经济发展的基本原则，为构建绿色经济发展模式提供理论基础。绿色经济发展模式的本质特征是建立在生态良性循环基础上的生态经济协调可持续发展。因此，构建全新的现代经济发展模式必须遵循生态经济社会有机、整体、全面、和谐、协调、可持续发展即绿色发展的原则。这主要有生态发展优先原则、公平性原则、共同性原则、协调性原则和绩效性原则。

一、生态发展优先原则

自然界对于人类的优先地位既表现在自然界对于人及其意识的先在性上，也表现在人的生存对自然界本质的依赖性上，更突出地表现在人对自然界及其物质的固有规律性的遵循上。而人的目的的每一次实现恰恰都是人遵从了自然及其规律。因此，生态应该也必须优先，这是生态在人类实践活动中享有优先权的一种内在的、本质的必然趋势和客观过程，是不以人们意志为转移的客观规律。所以，完全可以说，生态优先规律不仅是世界系统运行的基本规律，而且也是人类处理与自然关系的最高法则。因此，现代人类社会活动就应该首先遵循生态优先规律。

生态发展优先，追求的是人类实践活动及人类经济社会发展不能超越自然界生态环境的承载能力，保护世界系统运行的生态合理性。生态发展优先原则，就是生态经济学强调的"生态合理性优先"原则，包括生态规律优先、生态资本优先和生态效益优先基本原则。生态发展优先原则，是生态经济社会有机整体和谐协调的重要法则。

生态兴则文明兴，生态衰则文明衰。良好的生态环境是人类文明形成和发展的基础和条件。生态可载文明之舟，亦可覆舟。顺自然规律者兴，逆自然规律者亡。人类文明要想继续向前推进持续发展，就必须要正确认识人与自然的关系，解决好人与自然的矛盾和冲突，并将其置于文明根基的重要地位。在文明进步中，什么时候生态被牺牲掉了，生态危机就出现了。生态危机是人类文明的最大威胁。要走出生态危机困局，就必须排除经济发展遭遇的阻碍，寻找一条新的发展道路，而这条道路，正是生态文明建设。

良好的生态环境本身就是生产力，就是发展后劲，就是核心竞争力。蓝天白云、绿水青山是民生之基、民生所向。经济发展和碧水蓝天能否兼得，是对各级党委、政府的重大考验。

保护生态环境就是保护民生，改善生态环境就是改善民生。良好生态环境是最公平的公共产品，是最普惠的民生福祉。生态将是我国未来发展的重要构成。

建设生态文明就是发展生产力。只有夯实生态文明的基石，保护好环境，才能解决生产力可持续发展中处于关键地位的资源要素问题，以循环经济的驱动力打破经济社会发展"瓶颈"。同时，绿色化的生产生活方式也在倒逼和助推解决、产业结构转型升级。推进生态建设，既是经济发展方式的转变，更是思想观念的一场深刻变革。必须牢固树立保护生态环境就是保护生产力、改善生态环境就是发展生产力的理念，牢固树立绿色青山也是金山银山的生态理念，更加自觉地推动绿色发展、循环发展、低碳发展，构建与生态文明相适应的发展方式。这是先导，也是生态文明建设的本质要求。

必须遵循生态优先地位，自觉协调经济活动与生态环境发展关系，把保持生态系统良性循环放在现代经济社会发展的首要地位。一切都应该围绕"生态优先"，改善生态环境而发展，使经济发展建立在生态环境资源的承载力所允许阈值的牢固基础之上。

二、公平性原则

公平是反映人与人之间相互关系的概念，它包括每个社会成员的人身平等、地位平等、权利平等、机会均等、分配公平。其中权利平等又包括生存权、发展权等。从社会的角度来看，公平意味着改善低收入者生活水平的同时也要抑制富人的消费；从生态文明的角度去看，公平意味着不同人群平等参与环境资源开发和保护的决策与行动。公平强调过程和结果的合理性，公正则强调制度、措施的正义性，是对政府决策的监督和约束。在可持续发展经济理论中的公平也包含这两层含义，并强调人类需求和合理欲望的满足是发展的主要目标；同时，在对待人类需求、供给、交换、分配过程中的许多不公平的因素时，可持续发展经济的公平原则归根到底就是人类在分配资源和占有财富上的"时空公平"，他们对这一生存空间中的自然资源和社会财富拥有同等享用权，他们应该拥有同等的生存权。可持续发展中的公平性原则突出体现在国家范围之内同代人的公平、发达国家与不发达国家间的公平、代际间的公平三方面。可持续发展要求社会从两方面满足人民需要，一是提高市场潜力，二是确保每人都有平等的机会。

可持续发展是一种机会、利益均等的发展。它既包括同代内区际间的均衡发展，即一个地区的发展不应以损害其他地区的发展为代价；也包括代际间的均衡发展，即既满足当代人的需要，又不损害后代人的发展能力。从生态文明角度讲，代内的公平正义应该是指同时代的所有人对于开发、利用和保护环境资源享有平等的权利和义务，主要体现为国际公平正义和国内公平正义两方面。当前，全球性的生态环境危机正威胁着人类的生存和发展，要想解决这一全球性的问题，仅凭一己之力是行不通的，需要世界各国的通力合作。然而，由于代内之间的权利和责任不对等，致使各国之间、各地区之间分工不明，协作不力，沟通不畅，无法达到和实现全球的可持续、可协调的发展。代际公平强调当代人与后代人在生态资源的利用上要实现动态的平衡。合理的状态应该是自然资源的使用既满足当代人生存发展的需要，又不会对子孙后代生存与发展构成威胁，为子孙后代留下可供利用的生态资源和发展条件。归根到底是人类在分配资源和占有财富上的"时空公平"，即自然资源如何在不同世代之间的合理配置。种际公平，它强调人类与大自然之间应该保持一种适度的开发与保护关系，既不能为了人类的利益破坏大自然生态环境，也不能为了保护自然生态环境而罔顾人类的生存与发展。人与自然环境之间构建一种共生共荣、相互协调、相互包容关系，在能量和物质交换上达到动态平衡，使人类社会能够可持续发展下去。种际公正要求人类敬畏生命，尊重其他物种生存的权利，其基本要求就是保持生物多样性，保护濒危动植物，寻求人与自然和谐。

然而，每个社会、每个国家为了自己的生存和繁荣而奋斗时，很少考虑对其他国家的影响。当代人在发展过程中对地球资源的消耗，很少考虑对后代人的影响。按照现在有些国家消耗地球上资源的速度，留给后代的资源将所剩无几。

三、共同性原则

绿色发展是超越文化与历史的障碍来看待全球发展问题的。保护环境、稳定世界人口、缩小贫富差距和消除赤贫，这些可持续发展所面临的挑战已成为全球可持续发展工作的重心。不同国家、不同社会阶层背负着相同的责任，面临着同样的命运，将这一共识扩大到国际层面，以便尽量确保世界各地可持续发展。虽然各国国情不同，可持续发展的具体模式也会不同，但不约而同的有一个非常一致的共同利益，那就是整个世界范围内的人类经济社会的可持续发展。因而，实现可持续发展是地球人类的共同责任。在全球范围内实现的目标是共同的：建立合理利用能源、土地以及资源的体系，阻止气候变化、物种灭绝、一级生态系统破坏这些最危险的发展趋势；加强富裕国家的经济安全；并找到解决全球性难题的一种新方法，即一种基于各国合作与非政府部门能动性和创造性的新方法。

在现实世界，资源耗竭和环境压力等许多问题产生于经济和政治权利的不平等。生态系统的相互作用不会尊重个体所有制和政治管理权的界限。传统的社会制度承认这种相互依赖的某些方面，并使社区行使对农业方式以及对涉及水、森林和土地的传统权利的控制。虽然这种控制可能限制技术革新的接受和推广，但"共同利益"的控制并不一定妨碍增长和发展。全球性繁荣未必受到日渐减少的自然资源的限制。尽管共同利益的实现会经常遇到麻烦，由于行政管辖权限的范围与受影响的范围不一致，在一个管辖范围内的能源政策造成另一个管辖范围内的酸沉降，一个国家的捕捞政策影响到另一个国家的捕捞量。没有超越国家权威的当局来解决这样的问题。但只要加强国际合作，在全球范围内实现共同的目标、共同的利益是可以做到的，障碍在于各国的合作能力大小。因此，无论是富国还是穷国，公平性原则和共同性原则都是共同的，各个国家要实现可持续发展需要适当调整其国内和国际政策。只有全人类共同努力，才能将人类的局部利益和整体利益结合起来，才能实现可持续发展的总体目标。

共同性原则反映了世界各国既要致力于达成尊重所有各方的利益，又要保护全球环境与发展体系的国际协定，认识到我们的家园——地球的整体性和相互依存性。

四、协调性原则

绿色发展系统是由可持续发展生态系统、绿色发展经济系统和绿色发展社会系统组成的，是由人口、资源、环境、经济、社会等要素组成的协同系统。各个子系统之间彼此相互联系、相互制约，共同组成一个整体。当某一个系统临近生态极限时，不平等变得更加尖锐。因此，绿色发展的关键就是要使经济社会发展同资源利用与环境保护相适应，协调经济社会发展同人口、资源、环境之间的关系。为了实现这一目标，需要人类通过不断理性化的行为和规范，协调人类社会经济行为与自然生态的关系，协调经济发展与环境的关系，协调人类的持久生存与资源长期利用的关系，做到经济发展与生态保护的和谐统一，经济发展对自然资源的需求和供给能力的和谐统一。

协调性原则实际上就是以绿色发展功能优化要求遵循的关系为原则，即绿色发展系统内在关系的协调，包括人地关系的协调、区际（代内）关系的协调、代际关系的协调。在现实经济活动中，人们通常说的生态恶化和环境污染主要是人地关系不协调，资源禀赋不同导致的贫富分化，地区冲突主要是区际（代内）关系不协调，滥用、浪费从后代那里借用的自然资源和环境资本，主要是指代际关系不协调。贫穷、不公正、环境退化和冲突都是绿色发展的大敌，是不能持续发展的原因。绿色发展旨在促进人类之间以及人与自然之间的和谐，贯彻绿色发展的共同的主题是需要在决策过程中必须将经济和生态结合起来考虑。贫穷、环境退化、冲突等这些不协调问题不可能在隔绝状态中加以解决，必须在协调性原则下加以解决。

五、绩效性原则

由于地球生态系统承载力有限，不可能承受人类对资源能源无限和无节制的开发利用以及由此而产生的污染排放的无限增长。由此，必须削减人类活动对资源或环境的影响。

传统经济发展模式下，世界各国的经济增长是以牺牲生态环境为代价的。自然生态系统与经济发展不相适应，就会加剧人类生存与生态环境之间的矛盾，就会制约整个社会的永恒发展。如果试图通过降低经济增长率来缓解经济发展和人类生存与生态环境间的矛盾，或减少对环境的影响是不现实的。绿色增长就是要在追求经济增长的同时，不仅是不能增加其环境影响，更要将其环境影响削减至一定的限度内或者实现经济增长与其环境影响之间的脱钩。要想在追求经济增长的同时降低其对环境的影响，并能协调经济增长与环境可持续性，就必须依靠技术创新和提高生态效率或资源环境绩效。绿色发展的核心是提高生态效率或资源环境绩效，而提高资源环境绩效又有赖于绿色创新。

绿色创新或可持续创新作为创新与可持续发展的重要结合点，目前尚未有统一定义。如果从微观和宏观层面来理解，那么微观层面的绿色创新通常是指企业在一个相当长的时间内，持续不断地推出、实施旨在节能、降耗、减排、改善环境质量的绿色创新项目，并不断实现创新经济效益的过程。而宏观层面上，绿色创新则指人类社会关注环境—经济—社会协调发展并使之得以实现的创新性活动。绿色创新的本质可能是技术的、组织的、社会的和制度的。由于资源环境绩效更多地受到技术、结构、制度的影响，因此围绕资源环境绩效提高的绿色创新必然涉及技术创新、结构创新和制度创新。提升资源环境绩效可能由三种路径：一是在短期内，通过研究和创新对已有的方法和途径进行微调以满足需求；

二是在中期内依靠研究和创新对更多的产品和过程进行综合技术改造或重组；三是设计形成一种全新的系统方案，采用与现有模式完全不同的一套技术、制度和社会安排。依靠前两种路径来提升资源环境绩效的范围有限，第三种路径暗含着发展方向的改变并且创造了一种新的模式，该途径对应于可持续性创新。

第二节　绿色经济发展模式的绿色能源基础

能源是实现人类社会可持续发展的关键因素之一。在常规能源中，我国有丰富的煤炭资源，但油、气资源相对短缺。这种"富煤、贫油、少气"的资源特点，决定了我国长期以煤作为主要能源，严重偏离了国际上以油、气为主的能源消费结构的主流。世界发达国家能源结构早于几十年前就完成了由煤向石油的转换，现在正朝着高效、清洁、低碳或无碳的天然气、核能、太阳能、风能方向发展。

绿色能源，也称新能源、可再生能源。长期以来，国际和国内关于"新能源"的定义都存在着一定的争议，其定义模糊不清、范围不够明晰。在联合国新能源与可再生能源会议上将新能源正式定义为以新技术和新材料作为基础，将传统的可再生能源通过现代化的开发与利用，不断替代资源有限且对环境有污染的化石能源，获得取之不尽、用之不竭的可再生能源。如水能、太阳能、风能、核能、氢能、生物质能、天然气、清洁煤炭等这些可再生能源，储存量丰富，基本上不会对环境造成污染，还可以就地使用，在利用形式上可以集中建设，也可以分散建设，形式灵活多样。

长期以煤为主的能源消费结构，使得我国不得不面对当前的严峻形势。"贫油、少气"的资源特点，使得我国在短期内难以改变对化石能源消费模式的依赖。未来几年，我国对能源需求的刚性增长难以改变，煤炭仍是能源消费的主力，环境污染压力持续增加，环境约束不断加大。我国是世界上的能源消费大国，人均二氧化碳排放量超过世界平均水平。能源科技自主创新基础比较薄弱，可再生能源整体开发障碍重重。因此，在如此严峻的能源形势面前，只有尽快转变能源消费结构，改用高效、低碳的清洁能源，才能提高效率、减少污染、消除能源安全隐患，构建夯实的绿色能源基础。

一、绿色能源与绿色经济发展

绿色能源是环境保护和良好生态系统的象征与代名词。绿色能源既是解决环保和能源的危机，也是绿色经济发展的最好切入点和新的增长点。绿色经济发展需要绿色能源做支撑，绿色能源保障社会经济可持续发展。因此，世界金融危机和能源危机之后，各国政府都在反思能源发展策略并采取应对措施，从发达国家的历史经验来看，主要有开源和节流两种策略思路。

法案要求风能、生物能、太阳能和地热等可再生能源所产生的电力在电力公司的发电量中占到一定的比例，以此促进可再生能源的发展。在低碳交通领域，法案要求联邦政府制定一个低碳交通运输燃料标准，以便促进现今的生物质燃料和其他清洁交通运输燃料的发展。法案批准向城市、州或公营公司提供拨款或贷款担保，以扶持电动汽车的大规模示范项目。并且批准扶持汽车厂商对其生产制造设备进行改组以便能够生产电动汽车。在智能电网领域，法案规定采取措施促进智能电网的推广和使用，法案还指示联邦能源管理委员会改革地区规划流程以便实现电网现代化，并做好准备敷设新型输电线以便传输可再生能源产生的电力。法案允许各州能源办公室建立州能源与环境发展基金，以便共同赞助联邦政府扶持清洁能源和能效项目。

欧盟把绿色低碳经济作为未来发展方向，视其为一场新的工业革命，提出了开发廉价、清洁、高效和低排放的能源技术；确保和推广碳捕集与封存技术（CCS）的安全使用；以法规的方式强制要求各成员国发展可再生能源，并鼓励成员国采取各种优惠政策支持可再生能源发展等绿色低碳战略规划。

作为第一次工业革命先驱的英国，进入 21 世纪后，其绿色能源战略重点为：提高能源效率，开发低碳发电技术，包括对燃煤电厂进行"绿色改造"；开发和利用新兴能源技术，重点发展可再生能源；开发和推广 CCS。

我国为了保障未来能源可持续发展：第一，积极、稳妥、有序地开发水电。因此，主要从以下方面着手：①建立稳妥的政策促进水电开发；②重视水能开发和生态环境的关系；③重视地质结构对水电工程的影响。第二，有效发展风能、太阳能。目前太阳能主要利用方式包括：太阳能的热利用，最具代表性的是太阳能热水器利用；太阳能的光电利用，最有代表性的是光伏发电；太阳能的光化学利用，主要用于太阳能发电和电池的生产等。国家对太阳能产业的发展制定了一系列的有效措施，如电价补贴、税收补贴、所得税补贴等都在一定程度上支持了太阳能产业的发展。第三，积极发展生物质能。生物质能主要是指植物借助光合作用将光照转化为生物体内的能源利用方式，人们很早就开始利用生物质能，用其生火、取暖等，在我国农村生物质能得到广泛应用，如利用其作为燃料，将其发酵生产沼气等，因此，生物质能在我国目前的能源体系中不可或缺，目前生物质能的利用方式主要有发电，生物液体燃料。第四，确保安全的基础上高效发展核电。因此，必须实施热中子堆、快中子堆、聚变堆"三步走"的发展道路，尽快研发、掌握快中子增殖堆核电技术及快中子堆核燃料循环技术。

二、可再生能源发展与能源革命

可再生能源发展至今，在世界能源消费中已占据重要地位，在发电、供热及交通等领域得到了广泛应用。

综观世界历次工业革命，都伴随着新的能源革命，能源和能源革命是人类社会发展的根本动力，只有依靠新能源替代化石能源的"能源革命"，才能从根本上解决能源安全问题，以及解决由此带来的气候、环境等一系列问题。新常态下我国能源革命蓄势待发。我国面临着能源需求压力巨大、能源供给制约较多、能源生产和消费对环境损害严重、能源技术水平总体落后等挑战，因此，我国必须推动能源消费、能源供给、能源技术和能源体制四方面的"革命"。能源革命将掀起绿色经济发展的浪潮。

能源革命，也就是"能源生产革命"，主要是指能源形态的变更，以及人类能源开发和利用方式的重大突破。能源消费是一定时期内，物质生产与居民生活消费等部门消耗的各种能源资源：第一，推动能源消费革命，抑制不合理能源消费；第二，推动能源供给革命，建立多元供应体系；第三，推动能源技术革命，带动产业升级；第四，推动能源体制革命，打通能源发展快车道；第五，全方位加强国际合作，实现开放条件下能源安全。

能源技术创新是能源革命的基础支撑和动力源泉。我国要走出一条新型的能源发展道路，构建起高效、绿色、安全的能源系统，不仅需要新兴的可再生能源技术和智能能源技术，现今的非常规油气技术和核电技术，还需要传统的节能技术和煤炭清洁高效利用技术。能源技术创新对保障国家能源安全至关重要。能源技术创新需要政府的支持和投入，特别是提高技术标准、制定鼓励性政策等方面。为了保证我国的能源安全，必须大力发展清洁能源技术。①立足我国的国情，把握能源技术创新的重点方向和领域，依托重大工程，以重大科技专项攻关为抓手，力争突破页岩油气、深海油气、可燃冰、新一代核电能源领域的一批关键性技术；同时，加强国内能源创新体系和能源装备工业体系建设，推动能源装备国产化、产业化，并以能源装备制造创新平台建设为纽带，加快能源科技成果转化，抢占绿色能源技术的制高点。②紧跟国际能源技术革命新趋势，拓宽视野，积极吸收国际上成熟的技术和经验，推动页岩油气开采技术、大电网技术等国际先进技术在国内应用。积极加强国际合作，有效利用国际能源资源，不断优化我国能源结构。优化能源结构的路径是：降低煤炭消费比重，提高天然气消费比重，大力发展风电、太阳能、地热能等可再生能源，安全发展核电。

能源体制变革是能源革命的保证。能源领域的体制改革与制度创新，需要与技术创新同步推进，落后的体制机制会阻碍技术创新。我国能源领域的体制改革面临着复杂的情况，对能源领域该不该市场化、哪些领域该市场化、如何市场化和打破垄断争论不休，相应监督管理机制的转型难以推进。因此，能源体制改革的重点和核心是：第一，加快政府职能转变，要真正做到政府职能的合理转变和政府作用的有效发挥，必须实现从"功能泛化的传统能源管理体系"向"功能分化的现代能源管理体系"的转变；第二，还原能源的产品属性，为市场在能源配置中起决定性作用创造条件。坚定不移地推进改革，构建有效竞争的市场结构和市场体系，放宽市场准入，推动能源投资主体多元化。形成主要由市场决定能源价格的机制，建立健全能源法律法规体系，建立节能减排长效机制，促进绿色能源的使用。

"互联网+能源"的大众革命。能源互联网作为一种新经济形态，其改造的逻辑是互联网思维占主导。能源系统的再分散和再集中都是能源技术和体制的新革命，其特点在于先"分"后"合"，其生产"终端"将变得更为多元化、小型化和智能化，交易主体数量更为庞大，竞争更为充分和透明，形成的大能源市场则更为一体化，资源配置自由化，最终完成和电信网、广播电视网、互联网、物联网之间的大融合。"互联网+能源"采用的是互联网理念、方法和技术实现能源基础设施架构本身的重大变革。能源革命的大众思维有可能产生新的社会推动力量和普惠机制，同样可能带来生态环境治理的新契机。高比例低碳和零碳能源将随着网络智能化水平的提高而成为可能，能源的"热插拔"模式将大大改善能源结构的动态调整性能。在互联网思维的时代里，能源免费时代也有可能随之到来。

三、能源资源的多元化和低碳化发展

当前,我国能源呈现多元化的发展趋势,主要体现为基础能源体系形成多元发展态势、能源结构层次呈现低碳多元化格局和能源的开发形成区域化战略三个大的方面。与此同时,近年来,在我国能源领域也已悄然发生了以下几方面的战略转型和发展变化:由高成本的粗放型利用能源向集约化使用能源方式转变、由负外部性非清洁化能源开发向清洁化能源模式转变、由非市场化向市场化的目标转变。

能源产生的各类污染物均占世界第一,温室气体排放也超过了许多发达国家,如果不实现能源低碳化,不抓紧进行清洁化和低碳化的能源革命,我国的能源出路和回旋的余地将很小。因此,必须通过自主创新,推动能源资源的多元化和低碳化发展。

(一)通过技术创新来引领能源资源的多元化和低碳化发展

1. 突破太阳能光伏的核心技术

多晶硅是太阳能光伏产业的核心,其技术线路有多种。目前世界多数国家(包括我国)采用的是改良西门子法,这一技术能耗高、生产成本高正逐步被能耗低、成本低的流化床法、冶金法替代。

2. 突破风电装备技术

目前,全国风电装备技术大多是技术引进、技术许可方式,不具备核心技术。因此,我国必须在引进国外先进技术的同时,加强消化吸引再创新,形成自主知识产权的核心技术。

(二)通过优势领域的重点项目和企业来引领能源资源的多元化和低碳化发展

目前,国内外在绿色能源及环保产业领域的竞争力极为激烈,我国要想在竞争中赢得主动,应学习借鉴外国政府支持大企业、大力发展信息产业的经验,凭借政府的强力支持,培养一批低碳能源企业。在太阳能光伏领域,加大资金投入力度,积极创造条件,争取外国太阳能行业在我国设立研发中心、运营中心。在风电领域,重点扶持大中型国有电力企业发展风电装备,建设风能电厂,开展风电运营。在核电领域,重点支持国家级的核能发电企业,尽快多建大型核电站来满足我国的供电需求。在生物质能领域,尽快解决国家重点扶持企业配套的木本油料生产基地建设、秸秆稳定供应、低碳能源指标及价格补贴、电力上网等问题。显而易见,低碳能源产业成本较高,但具有低污染、可再生、可持续的特点,政府应对低碳能源产业给予适当的减税或财政补贴等政策支持。

四、能源的效率化与能源消费的低碳化

（一）提高能源利用效率

节能并不是不用能源，而是合理用能，提高能源利用效率、减少浪费、节省费用，在使用同样多的能源条件下产出最大，或使人民享受的能源服务最大化。为此，要重点抓好以下工作。第一，转变经济增长方式，引导能源消费结构升级。坚持把节能减排作为落实科学发展观、加快转变经济发展方式的重要着力点，把节能当作继石油、天然气、煤炭和非化石能源后的第五大"能源"来开发。加快构建资源节约、环境友好的生产方式和消费方式，增强可持续发展能力。加快促进天然气产量的增长，推进煤层气、页岩气等非常规油气资源开发利用，加强油气战略进口通道、国内主干管网、城市配网和储备库建设。结合产业布局调整，有序引导高耗能企业向能源产地适度集中，减少长距离输煤输电。大力调整出口结构，顺利实现向高附加值、高技术含量产品出口模式的转变。第二，大力推进节能技术进步，提高能源使用效率。长期以来的粗放型增长方式，使我国能源利用效率很低，与国际先进水平差距较大。因此，必须完善节能环保技术创新体系，加强基础性、前沿性和共性技术研发，在节能环保关键技术领域取得突破。建立节能的长效机制，加强政府指导，推动建立以企业为主体、市场为导向、多种形式的产学研战略联盟，鼓励企业加大研发投入。重点支持成熟的节能减排关键、共性技术与装备产业化示范和应用，加快产业化基地建设。加强节能环保领域国际交流合作，加快国外先进适用节能减排技术的引进吸收和推广应用。第三，夯实节能工作基础。完善节能环保法律、法规和标准体系。推动加快制定《固定资产投资项目节能审查办法》《节能监察办法》等配套法规，修订《重点用能单位节能管理办法》《能源效率标识管理办法》等文件，提高法律法规的可操作性，健全节能和环保产品及装备标准。完善环境质量标准。加快重点行业单位产品能耗限额、终端用能产品能效标准、建筑节能标准和设计规范等一系列节能标准的建立和完善，为促进全社会节约能源、提高能效提供更加完善的法律依据和标准基础。

（二）能源低碳化消费的领域

目前，世界上一些国家的能源消费结构已经向着高效、清洁、低碳或无碳排放的新能源和可再生能源的方向转变。我国在能源消费领域全面推广和普及节约技术，鼓励消费者选择能源消费节约型产品。

1. 智能电网

智能电网是指把信息通信网络和电网融合在一起双向控制电力供应的系统，该系统可以使消费者与可再生能源等的信息相结合，从而构筑高可靠性、高效率、高质量的供电系统。智能电网的配电自动化系统可以控制到普通家庭和办公大楼，甚至可以控制到室内空调的温度。用户也可以通过智能电网上的智能电表掌握家中电器的电力使用状况，管理自

己的电力消费,从而削减电力的使用量。智能电网的目的不仅仅在于节电和管理电力的使用状况,它最大的目的是起到"可再生能源输送网"的作用。将设在郊外或是远离大城市的边远地区的可再生能源(太阳、风力、地热)发电基地产生的电力输送到电力消费量大的城市。智能电网还可以通过双向通信把消费者的需求传送给电力公司。智能电网的目的在于实现电网能力的整体提升,其目标是提高资源优化配置和高效利用能力,促进资源节约型、环境友好型社会的建设和发展。

2. 节能电器

节能型家用电器的推广与使用早就得到发达国家的高度重视。1987 年,美国通过全国电器节能法案,制定家电产品的能耗限额标准,通过"能源之星"标识制度,淘汰了市场上非节能家用电器产品。随后,欧洲国家设立 A 级节能认证制度,控制不节能家电产品的生产和销售。近年来,我国家电节能产品得到了快速发展,逐渐成为市场主流产品。不少厂家的变频空调、冰箱达到了欧洲能效 A^{++} 标准,如海尔、海信、新飞等品牌获得了广泛认证,但与国际先进水平仍存在一定差距。提升节能型家电产品的技术势在必行。空调变频技术、燃气灶内燃火技术、热水器冷凝技术等节能技术先后投入运用。国家先后针对空调、冰箱、洗衣机、电脑等产品设定了能效标准,强制加贴能效标识。对达不到标准的小家电禁止生产和销售。居民生活中使用节能产品的效果非常明显。

3. 节能建筑

就是建筑项目从设计到建筑施工的所有环节都考虑环境负荷,尽可能地减少环境负荷的建筑项目。在项目中使用环境负荷低的涂料、建筑材料,使用可再生能源和节能产品。节能建筑采用新材料新工艺,节能环保又安全,"冬暖夏凉,比较舒适"。宏观来说,节能建筑是建设节约型社会的关键,关系到国家的未来;微观来说,节能建筑可以让普通老百姓得到实惠,节约生活中的电费或燃气费。随着人们对节能环保意识逐渐增强,以及我国政府的极力推动,节能建筑在我国得到大力推广及应用。

第三节 绿色经济发展模式的产业形式

21 世纪的产业经济正由以物质经济为主的经济发展模式向以智力经济为主的经济发展模式转换。因而,产业经济发展的重心从物质生产部门向非物质生产部门转移,使脑力劳动、信息与知识产业在现代经济活动中日益占据主导地位;以信息经济为代表的知识经济兴起,使信息技术产业在产业经济发展中起主导作用,并成为整个国民经济快速、持续、稳定发展的基础。产业经济发展的巨大变革归根结底是产业结构的绿色化,即产业结构的知识化与生态化及其相互协调与融合发展,这是 21 世纪世界产业革命及其产业调整浪潮的实质与方向。

一、产业结构绿化与绿色产业崛起

现代科学技术革命不仅出现了信息化的新趋势,而且还出现了生态化的新趋势;不仅越来越朝着实现国民经济知识化的方向发展,而且越来越朝着国民经济生态化的方向发展。产业结构调整转换与优化升级的过程,实质上是产业知识化和知识产业化与产业生态化与生态产业化的相互协调、融合发展的过程。

所谓产业结构绿化,是指在社会生产与再生产过程中投入资源能源少,各种资源利用率高,产出的产品或服务多,废物最少,污染最轻,甚至无环境污染与生态破坏,使产业经济发展建立在生态环境良性循环的基础上。因此,产业结构绿化是组织生态化的物质生产和知识生产过程或服务过程,使整个社会生产技术工艺过程和经营管理过程生态化,变社会生产或服务过程为自然生态过程或纳入自然生态过程,即社会生产、分配、流通、消费、再生产各个环节生态化过程,这是 21 世纪产业经济发展和产业结构演变的总趋势,是历史趋势,也是现实追求目标。在社会生产与再生产过程中,各类产业的产品或服务在生产与消费过程中对生态环境和人体健康的负效应最小化乃至无害化,实现生态经济协调与可持续发展。为此,必须实现环境保护与生态建设的产业化,即生态环境发展的产业经济化。因此,产业结构绿化的本质是产业经济的生态化与生态的产业经济化一体化,是生态环境已从经济发展的外在因素转化为经济发展的内在因素,并在 21 世纪产业结构转型升级中的基础作用越来越强。

绿色崛起,产业先行。绿色崛起需要绿色产业崛起。所谓绿色产业崛起,我们的理解是以产业结构生态化为前提,以最小的环境代价和最合理的资源消耗获得最大的社会经济效益,实现社会效益、经济效益和生态效益的有机统一。绿色产业是把绿色理念贯穿到社会生产过程中,既对传统产业加以改造,又发展零污染或低污染的产业。也就是说,绿色产业既可能覆盖所有战略性新兴产业,也可能仅仅是节能环保产业,本质是产业结构调整和转型升级,这不仅顺应了国际潮流,而且还可缓解资源环境约束。目前,我国绿色产业发展面临内外双重压力,既面临绿色产业规模小、技术含量低、产业结构不合理的内部因素,又面临国际激烈竞争和"走出去"我国企业履行国际社会责任能力有待提高的外部压力。通过生产绿色化带动绿色产业,推动生产方式绿色化,就是要构建科技含量高、资源消耗低、环境污染少的产业结构,形成符合生态文明要求的产业体系。该体系应该包括两方面:①生态产业(或称为绿色产业),即完全基于生态市场与再生产所形成的生态产业;②传统的第一、第二、第三产业和现代知识产业的绿色化,用生态化改造全部产业经济及其整个国民经济,构建低碳、高效、包容的绿色产业体系。

二、用生态化改造第一产业,构建绿色农业产业模式

绿色农业是指充分运用先进科学技术、先进工业装备和先进管理理念,以促进农产品安全、生态安全、资源安全和提高农业综合经济效益的协调统一为目标,以倡导农产品标准化为手段,推动人类社会和经济全面、协调、可持续发展的农业发展模式。绿色农业就是要在改善生态环境的前提下,使粮食和食品生产的全过程实现"三个零",即零公害、零污染、零废弃物,形成农业经济的良性循环。

构建绿色农业体系,就是要大力推动农业生产资源利用节约化、生产过程清洁化、废

物处理资源化和无害化、产业链条循环化，促进农业生产方式转变。大力发展生态农业，扩大无公害农产品、绿色食品和有机食品生产基地规模，也就是要大幅度提高绿色、有机、生态农业的比重。

发展节约集约型农业。推广节水农业技术，治理水土流失。发展农作物间作套种技术模式，提高复种指数，大力推进中低产田地改造、土地整治和高标准基本农田建设，节约集约用地，转变经济发展方式。"立体种养的节地、节水、节能模式"就是节约集约型农业发展模式，该模式的特点就是"集约""高效""持续""环保"。

推行农业清洁生产。加强农产品产地污染的源头预防，控制城市和工业"三废"污染，加强对重金属污染的监管，加强农业投入品（如化肥、农药、农膜和饲料添加剂等）的监管。加强农业废弃物综合利用，推动秸秆、废旧农膜、畜禽粪污、林业"三剩物"等废弃物的高值化利用，因地制宜发展农村沼气工程。加快推进农业生产过程清洁化，推广节肥节药技术，推广绿色植保技术，发展畜禽清洁养殖，推进水产健康养殖。加快建立农业清洁生产的技术体系。

鼓励延伸农业产业链。所谓农业产业链就是按照现代化大生产的要求，在纵向上实行产销一体化，将农业生产资料供应，农产品生产、加工、储运、销售等环节链接成一个有机整体，并对其中人、财、物、信息、技术等要素的流动进行组织、协调和控制，以期获得农产品价值增值。延伸农业产业链，必须大力推广农业循环经济模式（如养殖食物链型模式、立体水面混养模式），形成农、林、牧、渔多业共生、三次产业联动发展、农工社产业复合发展的循环经济产业体系。

三、用生态化改造第二产业，构建绿色工业产业模式

在第二产业的生态化改造中，大力推动战略性新兴产业和节能环保、可再生能源、再制造、资源回收利用等绿色新兴产业的发展，坚持绿色生产，丰富绿色产品，打造绿色工业品牌。构建绿色工业体系，就是要在工业领域全面推行"源头减量、过程控制、纵向延伸、横向耦合、末端再生"的绿色生产方式，从原料—生产过程—产品加废弃物的线性生产方式转变为原料—生产过程—产品加原料的循环生产方式。

加快对传统工业实施生态化改造，逐步淘汰不符合低碳发展理念、高耗能、高污染、低效益的产业、技术和产能。在生产过程中，大力推行生产设计，推行清洁生产，加强工业污染防治；大力推进重点行业清洁生产和结构优化，减少大气污染排放；强化重点行业节能减排和节水技术改造，提高工业集约用地水平；大力推行大气污染防治工业清洁生产技术方案，在钢铁、建材、石化、化工、有色等重点行业推广先进适用清洁生产技术，大幅度削减二氧化硫、氮氧化物、烟粉尘和挥发性有机物，从源头上解决污染排放问题。

突出循环发展，推进工业资源循环利用，积极打造循环经济产业链。推进工业"三废"综合利用，指导企业开展冶炼废渣、化工碱渣、尾矿等工业废渣的资源化利用，提高综合利用率。积极落实资源综合利用税收优惠政策，推动建立减量化、再利用、再循环的资源综合利用型企业。

实行生产责任延伸制度。该制度强调生产者的主导作用。在一些重点行业实行生产责任延伸制度，提高生产者对产品的整个生命周期，特别是对产品的包装物和消费后废弃的

产品进行回收和再生利用。

四、用生态化改造第三产业，构建绿色服务业产业模式

现代服务业需要绿色农业、绿色工业作为载体，绿色产业需要绿色服务业的支撑，有了绿色服务业，绿色产业才可以得到更好的发展。

加快传统产业生态转型，构建绿色服务业产业体系。大力提升服务业发展水平，大力发展金融、电子商务、文化、健康、养老等低消耗低污染的服务业，推进零售批发、物流、餐饮、住宿、旅游等行业服务主体生态化、服务过程清洁化、消费模式绿色化。加快发展第三产业，全力构建绿色服务业产业链。

加快发展绿色物流。开展零售业等流通领域节能减排行动。优化运输结构，发展多式联运。发展高效节约型现代物流业，合理布局物流节点空间，整合物流资源；发展资源再生利用产业和大型废弃物回收产业。开展废弃物管理、交易和再生利用工作，建立工业固体废物系统、社区垃圾收集系统的信息交流渠道，推进资源综合回收利用系统的建立。

加快发展绿色旅游。绿色旅游提倡尊重自然环境，强调对自然环境的保护，要求旅游者约束自己的行为以保护自然环境。发展生态旅游业，进一步优化旅游产业区域布局。加强旅游生态环境建设，开发适宜的旅游产品，提升旅游产业竞争力。推进餐饮住宿业绿色发展，实施绿色设计、绿色采购、节能降耗、固体废弃物资源化利用，引领绿色消费。

着力发展绿色金融服务业。积极开展金融创新，加大对环保产业的支持力度。建立银行绿色评级制度，将绿色信贷成效作为对银行机构进行监管和绩效评价的要素。建立银行绿色核算体系，将生态因素纳入金融业的核算和决策体系中。支持民间资本进入污水、垃圾处理等市政公用事业建设。鼓励信用担保机构加大对资质好、管理规范的环保服务企业的融资担保力度。

五、加快发展绿色知识产业，构建绿色信息产业模式

传统的工业经济主要是依靠自然资源、人力和设备投入为主的经济，现代经济形态已由传统的工业经济转向现代知识经济，即进入以信息、知识和技术为主的经济。以信息经济为代表的知识经济兴起，必然引起产业经济发展所需劳动者由大众劳动型向精英劳动型的转变。技术密集型产业将逐步取代资源、劳动密集型产业，第一、第二产业的蓝领工人所占比重不断下降，而从事研究、技术开发、管理、信息咨询等新兴的第三产业、知识产业和生态产业的白领工人所占比重越来越大。这必然导致世界范围内产业经济结构调整与产业转型升级。

当今世界，信息技术革命日新月异，信息产业已成为国民经济的基础产业、支柱产业、先导产业和战略性产业，信息产业是高技术、高效益、高增值型产业，是知识密集和技术密集型产业。随着国民经济和社会信息化进程的加快，我国信息产业进入了持续快速发展的新时期，信息产业对于国民经济的增长做出了极大的贡献。

信息产业作为一个新兴的产业部门，自身也在寻找低成本、高效益的发展道路，构建绿色信息产业模式。①加快促进工业化经济向信息型知识经济转变。知识经济源于20世纪80年代兴起的高科技革命，而信息技术是高科技的核心。因此，一方面必须以高于国

民经济增长的速度发展以信息技术为核心的高新技术产业，使得该产业在国民生产总值中所占比例不断提高；另一方面，加速利用信息技术对传统产业的改造，加快经济结构重组与调整步伐。②信息产业加快朝着节能和高效的方向转型。加强技术创新，努力降低电子产品在研究开发、生产制造、营销流通的环节中如何更好创新，逐步淘汰落后的工艺装置和技术设备；发展电子信息产品使用过程中有害物质排放的控制技术，提高废旧电子产品回收效率，减少处理过程中的二次污染；严格控制洋电子垃圾的涌入，发布禁止进口污染环境的电子垃圾目录，进一步增强监督执法力度。

信息技术和信息产业的迅猛发展极大地影响了经济的增长方式和结构。随着"宽带中国"战略实施方案的正式提出，我国相继颁布关于促进信息、发展信息产业的政策，推动信息产业的健康发展。为此，需要注重以下工作重点：①重视基础研究，全方位开展信息技术研究与开发活动；②制定明确的信息发展战略，确保信息产业在国民经济中的主导地位；③注重信息技术的商品化和产业化，实现信息产业对传统产业结构的优化升级；④加大投资力度，重视信息科技人才的培养。

第四节 多元性的绿色经济发展模式及实现形式

工业文明主导经济形态的工业经济实现形态与形象概括就是黑色经济形态，而生态文明开辟了经济社会发展绿色化即生态化的绿色发展道路，最终形成生态文明绿色经济形态。实现生态文明的绿色经济形态，可以创新多种绿色经济发展模式和实现形式。

一、生态经济省：省域生态建设与绿色经济发展模式

（一）生态经济省的基本内涵

生态省是以省（自治区、直辖市）为单位开展生态环境保护的制度，是为解决生态环境的整体性与行政管理条块分割的矛盾而提出来的政策，是扭转"点上治理、面上破坏、整体恶化"趋势的战略思路。相对于政府部门而言，国内学者对生态省的界定大多更加侧重于生态学和生态经济学的角度。生态省实际上是"生态经济省"，是在一个省域范围内，以科学发展观和可持续发展战略、环境保护基本国策统揽经济建设和社会发展大局，转变经济增长方式，提高环境质量，同时遵循三大规律（经济增长规律、社会发展规律、自然生态规律），推动整个社会走上生产发展、生活富裕、生态良好的文明发展道路。生态省的内涵是以绿色发展理论为基础，运用经济学原理和系统工程学方法，遵循生态规律和经济规律，在省的区域范围内建立科学合理的良性循环经济体系，促进经济、社会和生态环境复合系统和谐、高效、可持续发展。生态省（市、县）建设是以生态学和生态经济学原理为指导，以区域可持续发展为目标，以创建工作为手段，把区域（省、市、县）经济发展、社会进步和环境保护三者有机结合起来，总体规划，合理布局，统一推进。从对生态

省的界定中不难看出，生态经济是生态省理论构想和实际建设之间的桥梁，因此，"生态省"和"生态经济省"二者的内涵是基本一致的，通常情况下可以将"生态省"理解为"生态经济省"。

生态经济省的建设标志着生态问题已经被我国省级政府提升到了战略层面的高度，很多省份甚至大张旗鼓地提出了"生态立省"的响亮口号。"生态立省"口号的提出，并不是地方政府对中央政策的简单回应，更不是一时兴起的潮流，而是地方政府在几十年经济社会发展经验及教训基础之上的深思熟虑和科学决策。"生态立省"代表的是一种地方经济发展理念的创新，更是一种区域发展模式的变革。其发展与建设的思路和理念是根据各自特有的生态区位、经济社会发展程度、生态与环境质量和生物资源状况等，实现经济社会与生态环境相协调的一种符合绿色发展要求的省级行政区域的发展。"生态立省"是地方政府在实践基础之上的经验总结，更是理论探索道路上的反思升华，"生态立省"绝不是空洞的口号，而是对实践有着巨大指导意义的理论纲领。

1. 生态经济省是一种在省域水平上以绿色发展为目标的经济发展模式

生态经济省建设的根本要求是全面实施可持续发展战略，实现经济效益、社会效益和生态效益的统一，实现近期目标和长远目标的统一，实现局部利益和整体利益的统一。可持续发展是当代经济社会发展的必由之路，也是人类文明发展的共同追求。可持续发展的内涵是追求经济和社会发展的长久性，不以牺牲长远利益为代价来获取眼前利益。可持续发展既注重当代人的利益，更要保护后代人的权益，可持续发展要求在保证当代人生活品质的同时，必须为后代人预留足够的生存和发展空间。生态立省的理念和可持续发展思想在本质上是相互贯通的。以生态立省的目的是运用可持续发展理论和生态学、生态经济学原理，以促进经济增长方式的转变和改善环境为前提，建立"资源消耗低，环境污染少"的经济体系，把生态环境保护和建设融入经济与社会发展之中，大力发展循环经济、低碳经济和生态经济，建设生态社会和改善生态环境，实现区域经济的可持续发展。生态立省的区域发展战略体现了可持续发展的思想精髓，是可持续发展理念在省级行政区域内的具体实践。生态经济省的建设要求，始终以可持续发展思想作为一切工作的政策指导，同时，将是否符合可持续发展目标作为评价所有工作成功与否的重要标准。

2. 生态经济省的本质内涵是发展生态经济

生态经济省的建设必然要求对生态问题给予高度重视，生态保护是生态经济省建设工作的前提条件，但这绝不意味着为了保护生态环境就必须放缓甚至放弃地方经济发展。相反，生态经济省建设过程中的经济发展和生态保护二者是和谐统一的，因为建设生态经济省的本质内涵和根本途径正是大力发展生态经济。纵观历史，人类的文明历经了四个阶段，产生了四种经济形态，分别是原始社会阶段的原始经济形态、农业社会阶段的农业经济形态、工业社会阶段的工业经济形态、生态社会阶段的生态经济形态。在漫长的原始经济时期，人类行为对自然环境和生态系统的影响微乎其微，生态系统基本处于自然运行的良好状态。同时由于此时生产力的发展水平十分低下，人类社会的生存和发展也受到了极大的威胁；进入农业经济时代，人类改造自然和利用自然的能力有了较大的提高，人类的经济行为对自然和生态系统造成了一定程度的负面影响，但同样由于人类社会的技术水平非常落后，生态系统的运行总体上仍处在自我修复的范围之内，并且人类社会的生存质量依然十分低下。到了近代的工业经济时代，由于工业革命带来的技术革新和机器的大规模使用，人类社会的生产力得到了极大的提高，物质财富的创造能力大为增强，人类社会的生活水平达到了前所未有的高度。但与此同时，伴随着经济高速发展带来的人口爆炸性增长以及技术的过度使用，使得人类社会对环境和生态系统的破坏也达到了空前的程度，出现了臭氧层空洞、海平面上升、极端天气频现、生物多样性锐减等一系列全球性的生态安全问题。生态系统的总体性失衡已经威胁到了整个人类的生存，迫使人类社会必须进行经济发展模式的彻底变革。因此，源于现代社会方兴未艾的生态经济时代，就是为了纠正工业革命以来以牺牲环境为代价来换取经济高速发展的片面做法。相对于传统的工业经济来说，生态经济讲求的是经济可持续发展和生态环境有效保护的和谐统一。生态经济是指在生态系统承载能力的范围之内，追求经济的和谐协调可持续发展，即绿色发展。生态经济要求从生态学和经济学的综合角度出发，充分运用先进的生态技术和方法，改变人类社会传统的生产方式和消费模式，积极发展高效节能、低碳环保的绿色生态产业，大力推广健康合理的生态生活理念，实现经济发展与环境保护相协调，物质文明与生态文明相统一的经济社会发展新模式。生态经济强调人与自然关系，模拟自然生态系统运行方式和规律，通过生产、流通、消费等各个环节的技术和制度创新，提高资源利用效率，以环境保护优化经济增长。因此，建设生态经济省，本质内涵就是要大力发展生态经济，将生态经济的有效构建和良性运行作为生态经济省建设和发展的原动力。此外，建设生态经济省，大力发展生态经济，必须做到生态保护和经济发展二者齐头并进，既要维护生态系统的安全稳定，同时也要保证经济的持续发展，逐步提高民众的生活质量。

（二）建设生态经济省是顺应时代潮流的需要

1. 建设生态经济省是"生态立国"战略国策的重要组成部分

近年来，中央政府对生态问题的重视程度越来越高，在政府报告中，涉及生态问题的比重逐步加大，甚至已将生态问题上升到基本国策的高度。大力推进生态文明建设，实现中华民族永续发展。政府工作报告指出，建设生态文明，是关系人民福祉、关乎民族未来的长远大计。面对资源约束趋紧、环境污染严重、生态系统退化的严峻形势，必须树立尊重自然、顺应自然、保护自然的生态文明理念，把生态文明建设放在突出地位，融入经济建设、政治建设、文化建设、社会建设各方面和全过程，努力建设美丽中国，实现中华民族永续发展。坚持节约资源和保护环境的基本国策，坚持节约优先、保护优先、自然恢复为主的方针，着力推进绿色发展、循环发展、低碳发展，形成节约资源和保护环境的空间格局、产业结构、生产方式、生活方式，从源头上扭转生态恶化趋势，为人民创造良好生活环境，为全球生态安全做出贡献。所谓"生态立国"，就是将生态问题上升到国家战略的高度，将经济发展及社会生活中的各个子系统纳入整个生态系统当中，将短期经济效益与长远社会效益结合起来，将地区局部利益与国家整体利益结合起来，从宏观层面的产业结构调整及布局，到微观层面的国民日常生活消费，都要以维护生态系统安全与稳定为首要目标，确保我国经济社会整体性的可持续发展。

建设生态经济省是"生态立国"发展战略的有机组成部分，建设生态经济省与"生态立国"二者之间并不是简单的局部与整体的隶属关系，而是相互联动的内在系统关系。"生态立国"的发展国策是中央政府在宏观层面的政策制定，是对中华民族未来发展方向和模式的总体规划，同时也是对地方经济社会发展理念的纲领性指导。建设生态经济省是省级地方政府对中央"生态立国"战略的深刻理解和具体实施，是对"生态立国"总体目标的细化和分解。另外，建设生态经济省并不是省级地方政府对中央"生态立国"总体目标的盲目服从，而是各省份基于自身实际情况的改革和创新。"生态立国"规定了各省经济社会的发展方向，但却没有制定统一的实施模式和评判标准，也没有太多的成功经验可供借鉴。因此，各省在建设生态经济省的过程当中，首先要立足于自身的实际情况，深刻分析本省的资源优势及不足、主要环境问题类型、人口数量及结构特征、产业结构和经济增长模式等诸多方面的情况，在此基础上科学决策，合理规划，寻求准确的相对优势，走一条有自身特色的生态经济省建设之路。

2. 建设生态经济省是地方政府对以往单一经济发展模式的纠正和改良

在过去很长时间里，中央政府实行"以经济建设为中心"的国家发展战略，对地方政府的政绩考核以经济发展为主要指标，导致地方政府对经济总量和速度增长的片面追求，以至于对环境和生态问题基本处于忽视状态。经过几十年的积累，现阶段我国许多地方的环境和生态问题日益严重，生态平衡遭到极大破坏，生态安全受到严重威胁，不仅阻碍了地方经济的长远发展，而且在空气质量、饮水安全、疾病诱发等多个领域对普通民众构成明显威胁，已严重影响了国民的正常生活。因此，生态经济省的建设，标志着地方政府开始逐步纠正自身过分偏重经济指标的片面发展道路，改良和转变区域经济发展模式，注重经济发展与生态系统的和谐统一，切实改善民众生活质量，寻求地方经济社会可持续发展的理性选择。

3. 建设生态经济省是我国地方环境生态保护整体规划的需要

长期以来，我国省级行政区域内的环境生态系统保护存在诸多弊端，环境生态问题久拖不决，主要原因就是各级环境保护主管部门的条块分割现象严重，从而导致地方保护主义的蔓延，省内环境生态问题的治理往往只能取得较低程度的阶段性、区域性效果，并且环境生态问题的反弹和扩散现象比较严重，很难从根本上得到治理。因此，建设生态经济省，就是要站在省级行政区域的高度来重视和解决环境生态问题，打破各自为政的地方主义思想，高效整合全省的生态系统管理资源，形成全省生态资源系统的统一规划和使用，切实提高省级行政区域的环境生态治理和管理水平。

（三）建设生态经济省的战略路径

生态经济省的建设不可能一蹴而就，它是一个动态的渐进过程，同时也是一个庞大的系统工程，不仅涉及环境生态领域，同时还辐射政治、经济、文化、科技等多方面的内容。因此，生态经济省的建设需要省级政府亲自挂帅，从全省的大局出发，统筹兼顾，全面指导，尤其要注意重点从以下几方面着手。

1. 制订生态经济省建设的长远规划

生态经济省的建设是一个漫长而艰辛的过程，需要几十年甚至更长的时间才能显出成效。因此，在生态经济省建设开始之前，省级政府必须提前制定长远的发展目标和方案设计，并且严格遵照执行，以保持生态经济省建设的一致性和连续性，尤其是要确保生态经济省的建设不因政府更替和人员变换而发生反复，防止资源浪费甚至中途而废的情况出现。同时，生态经济省的正式建设过程当中，在不违背生态经济省建设根本方针和总体规划的前提下，应当根据现实因素的变化进行局部调整和变通，因地制宜，最大限度地提高经济生态省建设的实际效果。

2. 注重省域之间的协调配合，充分利用省内外各类型优势资源

生态经济省的建设是一个蕴含着经济、社会、自然、技术四大要素的复杂工程，单靠一个省份自身的力量很难达成既定目标。此外，虽然经济生态省的建设以省级行政区域为主要划分标志，但由于生态系统天然的整体性和联动性，导致了不同省份之间在地理环境及生态结构方面不可避免地存在着千丝万缕的联系，这就决定了不同省份之间在建设生态经济省的时候必须紧密配合，统一协调，充分发挥各自省份的资源和生态优势，实现优势资源的共享开发和互补利用，在经济产业布局、资源分配利用、生态技术研发、人口流动迁徙、社会舆论引导等诸多领域统筹规划，以生态系统的总体大局为重，打破"就省论省"的狭隘格局，从更加宏观和系统的角度提高生态经济省建设的整体效果。

3. 积极拓宽生态经济省建设资金的来源渠道

生态经济省的建设是一项巨大的工程，需要的资金数量非常庞大，仅靠省级政府的资金投入难免捉襟见肘。因此，在生态经济省的建设过程当中，要高度重视资金流量问题，尽最大可能拓宽生态经济省建设资金的来源渠道。除省级政府自身筹备和国家下拨的专项建设资金外，还要充分利用市场经济的力量，大力引导企业资金参与生态经济省的建设，必要时甚至可以考虑发行专门的生态彩票，以吸收民间的零散个人资金。除此之外，生态经济省的建设还可以通过广泛的国际交流与合作，积极利用外资渠道，借助世界银行、亚洲开发银行、全球环境基金、联合国开发计划署等国际组织以及各国政府及民间团体的低息贷款和无偿赠款，最大限度地为生态经济省的建设提供充裕的资金保证。

4. 实现传统省级生态环境保护模式的转型

我国现阶段省级行政区域内的生态系统破坏严重，生态系统失衡的比例较大，除了受经济增长模式单一、政府对生态问题重视程度不够、居民环境生态意识不足的影响之外，传统省级生态系统保护模式存在的弊端也是一个非常重要的因素。我国许多省级政府在生态环境保护方面存在着明显的滞后管理现象和局部思维模式，往往是等到某个地方出现严重环境污染和生态问题的时候，才能够引起省级政府在一定时期和一定范围内的重视，这

种有限程度的环境生态问题治理只能取得短期的局部效果，从长远来看，环境生态问题并未得到总体上的改善，甚至存在进一步恶化的可能。因此，生态经济省的建设要求必须进行传统生态环境保护模式的改良，切实将环境生态问题作为经济社会可持续发展的一个核心内生变量进行认真考量，彻底改变传统环境生态领域的事后局部治理模式，始终将环境保护和生态安全作为省级政府工作的核心内容，对环境生态领域可能出现的破坏进行提前预防，对已经出现的环境生态问题进行整体治理。同时拓宽环境生态问题的监管和治理主体，除传统的各级政府环保部门之外，还要充分参考相关领域专家学者的意见，充分动员社会团体和民间人士的力量，加大对环境生态问题的常态监督，提高环境生态问题的预防效果和治理效率。

5. 实现省级区域经济的合理增长

生态经济省的建设离不开地方经济的基础性平台作用，地方经济的良性发展不仅能够提高民众的生活水平，也能为生态经济省的建设提供有力的资金支持。为此，生态经济省的建设必须坚定不移地走一条生态经济的发展之路，在有效保护地方生态环境的同时，充分维持地方经济发展的活力。具体而言，建设生态经济省就是要始终坚持可持续发展战略，充分运用生态学原理、系统工程方法和循环经济理念，以促进经济增长方式的转变和改善环境质量为前提，充分发挥区域生态、资源、产业和机制优势，大力发展生态经济和绿色产业，改善生态环境，培育生态文化，实现省域经济发展与生态环境的协调统一。

6. 提高生态技术研发的投入力度和管理水平

生态经济省的建设要求以生态经济模式为驱动，以绿色产业结构为支撑，这些都意味着生态经济省的建设离不开生态技术的核心作用。生态技术是推进生态经济省建设的动力和保障，生态技术的研发和利用情况在很大程度上决定了生态经济省建设的实际成效。由于现阶段的生态技术研发存在投资回收期长、市场风险较高的特点，因此，生态经济省的建设要求省级政府必须加大对生态领域的投入力度，为生态技术的研发提供有力的资金支持。同时，省级政府还应提高对生态技术的综合管理和利用水平，高效整合各部门、各层次的生态技术研发力量，避免生态科研资源的重复投入和无谓浪费，提高生态科研资金的利用效率，加快生态技术成果转换的频率和时限，以科技的手段促进生态经济省建设的步伐。

7. 控制人口数量和优化人口结构

人口是整个生态系统中不可或缺的重要组成部分，同时，无论是在生态领域还是经济领域中，人口都是最具能动性、最有创造性的活力因素，人口因素既受生态系统和经济系统的制约，反过来也在很大程度上影响甚至决定着生态系统和经济系统运行的成效。因此，对于生态经济省的建设而言，绝不能忽视省内的人口因素。省级政府在制订生态经济省建设方案的时候，要充分了解本省人口的数量和结构特征，在本省资源总量及环境生态系统承载极限基础之上，制定合理的人口生育和流动政策，使本省的人口数量和增长速度与生态系统运行保持平衡。同时，省级政府还应当进一步优化人口结构，通过教育、培训、人才引入及调配等多种手段提升本省人口的总体素质，为经济生态省的建设打下坚实的人文素养基础。

8. 合理开发和利用自然资源

生态经济省的建设要求高度重视和保护省内环境和生态资源，但并不意味着自然资源的绝对保护和零开发利用，生态经济省的建设离不开自身资源的支撑，因此对自然资源的开发利用是不可避免的，生态经济省追求的是生态系统保护范围内的资源合理开发和有效利用。建设生态经济省的目的就是把省域范围内的经济发展、社会进步、环境保护有机结合起来，以较小的资源环境代价赢得经济社会的较快发展，实现资源高效利用，生态良性循环，经济社会发展和人口、资源、环境相协调的良好局面。

二、生态城市：市级生态建设与绿色经济发展模式

（一）生态城市是一种市级行政区域内社会—经济—自然复合生态系统的可持续发展模式

生态城市是指自然、技术、人文充分融合，物质、能量、信息高度利用，人的创造力和生产力得到最大限度的发挥，居民的身心健康和环境质量得到维护，一种生态、高效、和谐的人类聚居新环境。目前一致认为，"生态城市"是从全局和系统的角度应用生态学基本原理而建立的，是人与自然和谐共处、物质循环良好、能量流通顺畅的生态系统。生态城市的建设以环境容量和生态承载力为前提。生态城市有着丰富的内涵，从深层次上讲，生态城市是建立在人与自然和谐关系基础之上的一种人类社会生存理念，体现了人类社会一种新型的生产形式和生活方式。同时，生态城市是人工系统和自然系统有机结合的一种人工复合生态系统，生态城市建设的宗旨是力求最大限度地保护自然生态系统的完整，尽最大可能减少人类聚集行为对环境生态系统造成的破坏。生态城市的理念是将传统的城市规划建设和城市日常管理放在更为宏观的生态系统中加以考虑，生态城市建设的核心思想是在人口不断增加的历史背景下维持人类社会的可持续发展，并进一步提高人类的生活质量。

（二）生态城市的特征

生态城市建设作为人类社会对工业化以来大规模城市化进程的反思和纠正，标志着人类社会的发展由传统的经济增长模式向复合生态驱动模式的转变，是人类社会由工业文明走向生态文明的创新之举。同时，和传统的工业型城市比较起来，生态城市在很多方面有着明显的特征及优势。

1. 可持续性

生态城市从建立之初就以可持续发展思想为指导，强调城市的运行和发展不能够超越城市生态系统的承载能力，注重调控城市经济产业布局的科学性和城市人口消费行为的合

理性。因此，城市生态可持续性的内涵就是从整体上把握和解决环境—人口—经济—社会子系统之间以及城市系统与周边区域等外部系统间协调发展的问题，促进城市生态系统的最优化发展，在结构上表现为增长与规模的适度性和协调性，在过程上表现为发展的可持续性和高效性，在功能上表现为资源利用与环境状况持续改善、社会经济活动和自然环境高度和谐、城市福利水平不断提高。

2. 系统性

生态城市是一个庞大的复合系统，涉及的影响因素很多。生态城市的建设和运行要求能够有效协调城市经济子系统、城市生活子系统、城市人口子系统、城市交通子系统、城市环境子系统等多个系统之间的矛盾和冲突。因此，生态城市本身就是一个整体性的概念，生态城市是建立在各种因素的相互制约、相互平衡的基础之上的，忽视其中任何一个因素就不是真正意义上的生态城市。

3. 循环性

生态城市将环境和生态系统的保护放在首位，在城市的建设和运营过程当中力求资源能够得到最大限度的利用，同时将城市系统运行中的废弃物排放量降到最低。因此，生态城市的建设和运行必然要求大力发展循环经济、绿色经济和低碳经济，加大资源的重复使用频率，最大限度地提高资源的利用效率，减少资源消耗和环境污染。

4. 高效性

生态城市的建设以可持续发展思想为指导，要求在城市运行过程当中将各个环节的损耗降到最低限度。为此，生态城市需要着重建设绿色低碳的循环经济产业，大力发展低碳环保的公共交通系统，积极提倡健康合理的居民消费理念，提高所有资源的使用效率，在物质流、能源流、信息流、价值流、人员流等各个领域减少价值损耗，真正实现生态城市的整体高效运行。

5. 技术性

生态城市走的是一条技术之路，生态城市无论是理念层面的规划设计还是现实世界的有效运行都离不开技术的支撑。生态城市的技术运用应当综合体现在城市功能结构布局、城市支柱产业培育、城市生活住宅设计、城市交通系统选择等多个领域。因此，可以说生态城市既是一座生态之城，同时也是一座科技之城。

6. 创新性

生态城市的建设，要求突破传统城市模式的束缚，在城市规划设计理念、城市建设模式、城市产业结构布局、城市交通系统设计、城市功能划分等多方面进行大胆的尝试和创新，以新的理念、新的模式、新的技术、新的方法来构建经济、社会、环境三者和谐统一的全新城市格局。

（三）生态城市建设过程中的误区

我国生态城市的建设经历了多年，生态城市的试点工作也在全国各地普遍开展，并已取得了一定成效，形成了一些有借鉴意义的生态城市建设经验。与此同时，我国生态城市的建设也存在明显的问题，尚有诸多需要改进和提高之处。

1. 对生态城市的理解存在偏差

生态城市是一个内涵非常丰富的概念，同时，生态城市涉及的领域很多，影响因素也非常广泛。生态城市至少要满足以下标准：城市结构合理，功能协调；产业结构合理，实现清洁生产；能源能量有较高的循环利用率；居民的生活质量和城市环境质量能够达到一定要求；尊重居民的文化和生活特征；居民身心健康，有自觉的生态意识和环境道德观念；建立完善的、动态的生态调控管理与决策系统。由此可见，生态城市的建设需要综合考虑多方面的因素，而现阶段我国试点的生态城市建设大多没有深刻理解生态城市的内涵，很多地方简单地将生态城市等同于"绿色城市""园林城市""森林城市"，在生态城市建设过程中基本以扩大绿化面积，扩大太阳能、风能使用范围为主，这种局限性不仅偏离了生态城市的本质，而且根本无法实现生态城市的整体功能。

2. 生态城市建设缺乏规模效应

我国现阶段的生态城市建设基本是以新城区的形式来呈现，由于新兴生态城区与老城区在地缘空间上相距较远，尤其是在城市功能衔接上严重脱节，致使生态城市建设的规模过小，只能实现辐射范围较小、综合指标较低的低端生态化运行，无法取得生态城市建设的规模效应，同时直接导致了生态城市建设的成本过于高昂，妨碍了生态城市的扩展和持续运行。

3. 生态城市建设的模式单一

生态城市遵循的是城市人工系统和自然生态系统的天然匹配，这就要求生态城市的建设必须立足于城市自然环境和生态系统的基础之上，走一条有自身地方特色的生态城市建设之路。而现阶段我国的生态城市建设存在明显的趋同化现象，生态城市建设的模式过于单一，无法体现出地域差异，很多生态城市的建设和运行根本未能契合本地的资源和环境优势，不仅使得生态城市建设缺乏可持续发展的能力，甚至造成城市原有生态系统的进一步破坏。

（四）生态城市的建设原则

生态城市的兴起昭示着人类社会聚居形式发展的必然趋势，对许多地方政府来说，生态城市建设既是当地经济社会发展的机遇，同时也是一项艰巨的任务。为更大范围地推动生态城市发展的步伐，生态城市的建设应当基于以下几个原则：

1. 和谐便利原则

城市的运行不能对自然生态系统造成威胁和破坏，这是生态城市建设的基本前提和首要目标。因此，生态城市的规划要以城市生态学为理论基础，在实际建设过程中始终坚持"人与自然和谐统一"的原则，充分尊重和利用自然生态规律的作用，严禁脱离实际的主观臆断，尽最大努力将对生态系统的影响和干扰降至最低。同时，生态城市的建设还要充分体现"以人为本"的思想，因为"人"始终都是生态城市的主体，生态城市建设的目的不是为了单纯地保护生态环境，而是在生态保护的前提下最大限度提高人类生活的便利程度和舒适性。生态城市的建设要在多方面认真考虑城市居民的感受，满足人们对工作、生活、闲暇的需求，建立良好的宜居环境，形成生态城市的强大吸引力，推动生态城市的可持续发展。

2. 因地制宜原则

由于生态系统受自然环境和地理因素的影响与制约很大，不同地域生态系统的特征差异明显，导致生态城市的建设并无太多通用的规律可循。生态城市的建设只能从自身的实际情况出发，在城市资源优势和生态系统特征的基础上，按照因地制宜的原则，从生态城市的规划、设计到建设、管理等多个环节制定有针对性的管理方案和技术手段，形成有着明显地域特色的生态城市建设之路，切忌不顾本地实际情况照搬外部经验的盲目做法。

3. 循环经济原则

传统城市对环境生态系统造成破坏的一个重要形式就是城市在运行过程中不可避免地会向生态系统排放大量的废弃物，这种情况源于传统经济模式固有的弊端。从物质流动的方向看，传统工业社会的经济是一种单向流动的线性经济，即"资源→产品→废物"。线性经济的增长，依靠的是高强度地开采和消耗资源，同时高强度地破坏自然环境。循环经济的增长模式是"资源→产品→再生资源"。循环经济就是通过资源循环利用使社会生产投入自然资源最少、向环境中排放的废弃物最少、对环境的危害或破坏最小的经济发展模式。生态城市的循环经济模式，将使得人类能够从根本上解决城市发展与资源短缺、环境承载力低下之间的矛盾，维护本就脆弱的城市生态系统，极大程度地降低城市生态系统面临的压力，使城市走上一条良性循环的生态发展道路。

4. 低碳运行原则

当今社会，碳排放是全人类共同关注的热点，碳排放问题也是传统城市饱受诟病的原因之一。传统城市的经济产业过于集中，人口规模和聚居密度过大，导致城市工业的生产环节和城市人口的生活过程产生大量的碳排放，形成城市特有的"富碳环境"，致使碳排放已经严重威胁到传统城市居民的生存和健康，亟待解决。生态城市正是一种以低碳运行为新型模式的城市形态，生态城市的建设要求在城市能源供给中大规模采用太阳能、风能、地热能等多种绿色能源，在城市产业布局中大规模实行循环经济和清洁生产，在城市生活布局中大规模建设绿色建筑，在城市交通系统中大量使用低碳环保的绿色公共交通系统。以低碳模式作为生态城市可持续发展的手段和动力，建设人与自然和谐相处的城市人居环境。

三、生态县：县级生态建设与绿色经济发展模式

（一）生态县的基本内涵

生态县是社会经济和生态环境协调发展，各个领域基本符合可持续发展要求的县级行政区域。一般来说，县级并非一个完整的自然生态系统，其边界有按分水岭、河流、海岸线等自然地理边界划分，也有按政治经济联系或历史文化渊源划分的，因而是一类异质的、开放的人工生态系统。生态县规划不同于传统的经济规划或环境规划，它具有以下几个特点：①强调经济的高效而不是高速。一个资源潜力未充分利用的高速发展的经济不是生态县经济，相反，一个县的经济发展的绝对指标虽不高，但若已达到地尽其力，物尽其用，人尽其能，则应是一种接近生态县目标的发展。②强调自然的和谐而不是平衡。人在改造自然的过程中，总是要不断地破坏自然、建设自然。不平衡是绝对的，平衡是相对的。生态县建设的目标就是要追求总体关系的和谐和系统功能的协调。③强调社会的开放而不是封闭。生态县建设并不反对投入，相反，它要动员自身的竞争活力去争取尽可能多的有效投入。但却不依赖投入，强调系统的应变能力和多样性，外部环境变动的情况下仍能健康地发展，能有多重的发展机会和有效的替代资源。

生态县是县级规模生态示范区建设发展的最终目标。生态示范区是以生态学和生态经济学原理为指导，以协调经济、社会发展和环境保护为主要对象，统一规划，综合建设，生态良性循环，社会经济全面、健康、持续发展的一定行政区域。生态示范区是一个相对独立，对外开放的社会、经济、自然的复合生态系统。生态示范区建设可以乡、县和市域为基本单位组织实施，当前重点可放在以县为单位组织实施上。生态示范区建设是在一个市、县区域内，由政府牵头组织，以社会—经济—自然复合生态系统为对象，以区域可持续发展为最终目标的一种工作组织方式。生态示范区建设是实施可持续发展战略的最基本的经济社会形式，是可持续发展思想的集中体现，也是落实基本国策的重要保证。

（二）生态县建设的基本原则

1. 因地制宜原则

生态示范区建设应从当地的实际情况出发，以当地的生态环境和自然资源条件、社会

经济和科技文化发展水平为基础，科学合理地组织建设。

2. 资源永续利用原则

提倡资源的合理开发利用，积极开展资源的综合利用和循环利用，能源的高效利用，实现废物的最小化；可更新资源和开发利用与保护增值相并重，实现自然资源的开发利用与生态环境的保护和改善相协调。

3. 环境效益、经济效益、社会效益相统一原则

生态示范区建设应与农村脱贫致富、地区经济发展结合起来，与当地的社会发展、城乡建设结合起来。

4. 政府宏观指导与社会共同参与相结合原则

生态示范区建设作为一项政府行为，强调政府对生态示范区建设的宏观管理和扶持作用。同时，应充分调动社会力量共同参与。

5. 统一规划、突出重点、分步实施原则

生态示范区建设规划应当是生态环境建设与社会经济发展相结合的统一规划，应体现出生态系统与社会经济系统的有机联系。同时，规划应明确近期、中期、远期目标，并将建设任务加以分解落实，分阶段、分部门组织实施，突出阶段、部门的建设重点，组成重点建设项目。

（三）生态县建设的战略目标和战略路径

1. 生态县建设的战略目标

生态示范区建设的目的是按照可持续发展的要求和生态经济学原理，调整区域内经济发展与自然环境的关系，努力建立起人与自然和谐相处的社会，促进经济、社会和自然环境的可持续发展。通过生态示范区建设，树立一批区域生态建设与社会经济发展相协调的典型。环境保护部设计了各具特色的试点模式：生态农业型的生态示范区、农工商一体化的生态示范区、生态旅游型的生态示范区、乡镇工业型的生态示范区、城市化的生态示范区、生态破坏恢复型的生态示范区。之后，通过在全国广大地区的推广普及，使生态环境质量和人民生活水平得到较大程度的改善，逐步实现资源的永续利用和社会经济的可持续发展。

2. 生态县建设的战略路径

随着"生态立县"建设目标的提出，我国对县域生态文明建设研究和实践日益重视。生态县的建设是解决生态危机的重要手段，增强了我国模式的影响力，成为彰显我国社会

主义优越性的历史机遇；生态县的建设就是利用生态农业、工业和旅游业的经济发展模式将人类活动的各个环节纳入生态生产的过程。

生态县建设的关键在于：①要发展以科技含量高、经济效益好、资源消耗低、环境污染少为特征的生态经济，从而实现经济增长方式的根本转变，提高县域经济竞争力；②要加强环境污染防治和生态治理；③要注重城乡统筹发展，用生态文明理念指导城镇化发展，以生态为立县之基，发展之路。

由此可知，生态县建设既要符合区域长远的发展要求，又要结合各地自身阶段的实际情况。生态县建设的路径设计应该考虑：①围绕生态抓发展。生态县建设的目标，不是简单地达到一种"返璞归真"的自然状态，而是解决与环境良性互动下量的扩张和质的提升。简而言之，就是生态要发展，环境要改善，这是生态县建设的战略之举。按照生态功能区划、自然资源禀赋来调整优化生产力布局，进一步明确产业定位，建设生态型工业园区，引导产业聚集；②抓好生态促发展。生态县建设的目的，主要是转变经济发展模式，实现从"牺牲环境换发展"向"保护环境促发展"的转变。不断增强"抓好生态促发展"的责任意识。制订完善的生态发展规划，对不符合生态县建设总体规划要求的事项一律不能审批。

四、生态文明建设开创了我国绿色经济发展的新航程

"建设美丽中国"是党中央高瞻远瞩，先天下之忧而忧，面向全党全国发出的新世纪总动员。走向生态文明的新时代，建设美丽中国，努力推进我国绿色经济发展。

坚定尊重自然、顺应自然、保护自然的信念。只有坚信尊重自然的发展道路才是有前途的发展道路。人类与自然是平等的，人类不是自然的奴隶，人类也不是自然的主宰者。在开发自然、利用自然中，人类不能凌驾于自然之上，人类的行为方式应该符合自然规律，在快速经济发展中积极反思和调整人类自身行为。只有尊重自然，才能得到自然的尊重。

不断探索经济绿色发展之路，加快构建绿色化的经济结构、产业结构和能源结构，发展绿色生产力，才能真正形成绿色经济发展模式。努力走上一条既要经济发展，更要生态发展的康庄大道，这是在生态建设和经济建设关系处理上坚守的底线。

完善的生态文明制度和法律体系是形成绿色经济发展模式的制度和法治保障。只有不断进行制度创新和公众参与，才能促进绿色经济发展。实践证明，一个国家经济的增长、生态的平衡、社会的发展，其本质就是制度的合理性和创造力。大力推进生态文明建设和发展绿色经济的制度化、法治化，构建生态文明的绿色制度框架和绿色法律体系，用制度和法律创造绿色经济发展的美好未来。

第三章 结构调整与经济发展方式

第一节 经济结构调整及我国经济结构的特征

随着能源、资源和环境对经济社会发展的约束逐步增强，经济发展方式转变为促进经济社会可持续增长和发展的必需内容。我国经济过去几十年的高速增长是典型的出口导向型经济带来的，是通过旺盛的出口需求来弥补国内需求不足而带动的经济高速增长。由国民收入决定的一般理论可知，在一个开放经济中，总需求是由消费、投资和进出口共同决定的。消费、投资和进出口的协调发展才能维持国民收入的可持续增长，否则，就会带来国民收入的波动。

一、经济结构调整：发展方式转变的战略重点

（一）发展方式转变的战略重点

发展方式转变的战略重点在于经济结构调整。推进经济结构调整，是解决我国经济发展中不平衡、不协调、不可持续等深层次问题的根本举措。在过去相当长的时期，我国经济发展突出强调数量要求，着力解决短缺问题。随着改革开放和社会主义市场经济的发展，我国生产力水平实现了历史性跨越，已经从普遍短缺跃升到商品极大丰富。这时，人们对商品和服务的质量、对生产和生活的质量都提出了更高要求，从强调数量到追求质量和效益，这是经济发展达到一定水平的结果。同时，又对经济发展提出了更高要求，实现速度和结构质量效益相统一、经济发展与人口资源环境相协调；促进经济增长由主要依靠投资、出口拉动向依靠消费、投资、出口协调拉动转变，由主要依靠第二产业带动向依靠第一、第二、第三产业协同带动转变，由主要依靠增加物质资源消耗向依靠科技进步、劳动者素质提高、管理创新转变；更加重视自主创新和能力建设，更加重视人的全面发展。

国际金融危机的冲击凸显了我国经济结构问题的严峻性，同时为调整经济结构带来了机遇。我国已进入只有加快经济结构调整才能实现科学发展、和谐发展的关键时期。在遭受国际金融危机冲击、外需急剧下滑的严峻形势下，国内市场潜力巨大是我们的优势，扩大内需是我国经济发展的基本立足点和长期战略方针，也是经济结构调整的首要任务。扩大内需，不仅有利于平衡内、外需结构，而且有利于改善投资与消费、国民收入分配等方面的结构。

（二）经济结构调整的主要领域与关键环节

经济结构调整的主要领域在于国民需求和产业结构。经济结构调整的关键环节在于需求结构的优化调整和产业结构的优化升级。

众所周知，经济增长过度依赖出口，不仅风险大，而且国际市场也难以持续扩大吸纳容量，不具有可持续性。我国经济规模扩大后，势必要求改善甚至改变这种增长模式。加之国际金融危机引发外部需求急剧收缩的影响，促使改变以往过度依赖出口的增长模式。从我国的内需结构看，投资率过高的问题一直比较突出，在最终消费需求不足的情况下，过度投资还将可能进一步增加过剩产能，进而打断经济持续发展的进程。

从供给的角度看，我国经济结构的主要问题集中表现为：低附加值产业比重过大、自主创新能力不强、科技进步和创新对经济增长的贡献率偏低等。国际金融危机及其引发的全球性经济深度调整，使这些结构性矛盾进一步凸显。

从供给角度优化调整经济结构，必须充分认识生产要素低成本优势趋于减弱、资源环境硬约束增强、产能过剩矛盾加剧等经济发展客观条件的新变化，选准产业创新整合的突破口。在抑制和削减过剩产能，特别是逐步淘汰高能耗、高污染、低科技含量、低附加值生产能力的同时，准确把握科技创新的发展方向，适应国际金融危机后国际产业竞争格局变化的新形势，着力培育新能源、新材料、电子信息、生物工程、航天航空、生产性服务业等战略性新兴产业，使之成为经济发展的主导力量，为经济增长提供新的引擎，增强我国高新技术产业的国际竞争力。

创新是发展方式转变的中心环节，提高自主创新能力特别是提高关键领域核心技术的自主创新能力，是国家发展战略的重心。

（三）加快经济结构调整的宏观环境与条件

对外贸易的快速发展对我国经济持续多年高速增长的作用，已经得到公认。然而，值得注意的是，缺乏原创技术支持和技术创新的出口增长，并不是以比较优势赢得竞争，而是靠资源投入赢得市场竞争，其结果是不仅廉价劳动力向着外向型部门倾斜，而且土地、资金也呈外向型导入。这种高速增长，不仅使土地资源趋于短缺，而且缺乏技术创新，仅仅依靠高投入、高能耗的生产模式，导致能源、电力、原材料也日趋紧张，这凸显了结构失衡所造就的通胀压力。可以推断，在通胀环境中，如果结构问题不解决，收入差别进一步加大，我国难免出现内需不足的局面，这对于我国防范外部经济危机的冲击是非常不利的。对于一个发展中的外向型经济体而言，我国始终面临着这种外部冲击的潜在可能。与此同时，随着世界经济中外部不均衡现象越来越严重，贸易顺差国面临成本调整压力不断增大的趋势，我国经济发展所面临的外部经济压力会越来越大。特别是当我国经济进一步与国际接轨后，我国面临着金融市场开放的必然选择，如果国内经济结构失衡持续，那么无疑将增加我国经济受到国际资本冲击的风险。因此，无论是从我国经济的内部因素还是外部环境来看，我国经济结构调整已经迫在眉睫。

（四）国际经验

投资、消费和净出口，是推动经济增长的主要动力。如果从要素投入产出的视角来衡量经济增长、结构调整和经济发展方式，那么，发展方式转变进程的基本特征是：用资本和劳动投入要素来说明经济增长的部分逐步减少，而用全要素生产率来说明经济增长的部分逐步增加。

国际经验和经济发展的一般规律表明，需求结构、产业结构、要素结构和空间结构的优化与升级，是转变发展方式的重要内容。

二、我国经济结构的突出特征

国民经济的波动，实际上就是消费、进出口、储蓄与投资的失衡，是实体经济和虚拟经济的结构失衡，从而影响经济长期稳定发展。

（一）"两高一低"的不平衡结构特征

从我国国内生产总值的构成来看，资本形成总额占GDP的比重一直处于较高水平且呈总体上升趋势，个别经济过热期，该指标值接近80%；从资本形成对GDP的拉动来看，2004年以来有所下降，但仍处于高位波动。与发达国家经济体相比，美国、日本、德国、法国、英国等发达国家的资本形成率占GDP的比重一般在20%左右，低于世界平均水平，我国的资本形成率占GDP的比重这一指标是其两倍左右。投资率高的特征非常突出。

可见，当前我国经济结构的"两高一低"（高投资、高储蓄、低消费）现象，在世界上是极为少见的。投资率很高，储蓄率很高，但消费率却很低。

（二）"两高一低"经济结构的成因

我国经济当前呈现"两高一低"的不平衡结构特征，实际是由经济发展方式决定的。粗放式经济增长、收入分配结构失衡和政府管制及金融领域发展相对滞后都影响了整个国民经济结构的形成。

1."投资驱动和出口拉动"的粗放型经济增长方式是导致"两高一低"的直接的、根本的原因

我国经济发展过度依赖出口，出口的增长速度远远高于国民经济GDP的增长速度。投资、消费、出口对经济增长的贡献，存在着突出的结构性矛盾，国内消费一直没有成为我国经济发展的主要动力。投资、消费、出口的不协调发展，制约着我国经济健康、持续、协调发展。

从发达大国发展本国经济的过程可以看出，这些国家往往比小国更少地依赖外资、外贸，而是更主要立足于国内市场和国内贸易来支撑经济的增长。这一点从发达国家对外贸易的依存度就可得到证明。

实际上，多年来我国一直奉行以所谓低成本"比较优势"为特征的外向型经济发展战

略,这与我国的区别政策有关——我国对进口贸易和出口贸易政策的不平等待遇与我国对内资政策和外资政策的不平等待遇,从而加剧了我国经济发展的过度依赖出口的现象。实际上,这样一种外向型的经济发展战略对当前我国持续的、急剧的能源资源消耗增长,对我国单位GDP能源资源消耗太高,或者说,对我国单位能源资源消耗创造的GDP太低负有不可推卸的责任。

在出口贸易中,我国出口产品的低成本"比较优势"来自我国廉价的物质资源、劳动力资源,来自能源消耗资源消耗持续的急剧的增长,隐含着巨大的生态环境成本,来自人民币币值的低估,来自对外资的"超国民待遇"。我国外贸出口的竞争力,主要来自低工资、低土地成本及对环境保护的缺位,这种粗放式的增长,消耗了大量资源、能源,增加了环境压力。

外向型的经济发展战略作为一个国家和地区在经济起飞阶段的发展战略是行之有效的,但是这样一种外向型的经济发展战略具有一定的时代性和阶段性。当前我国所实施的外向型经济发展战略正面临着越来越大的国内外阻力,付出越来越高昂的发展成本。我国要保持经济的持续、健康、协调发展,必须解决投资、消费和出口协调发展之间的结构性矛盾,必须解决生产要素之间、协调发展之间的结构性矛盾,必须改变当前以出口为主导的外向型经济发展战略,把经济发展的增长动力由国外转移到国内,建立以内需主导为本、外需出口为辅的经济发展战略。

2. 在收入分配结构方面,国民收入分配重点向资本收益和政府倾斜

我国长期以来的低劳动力成本和高能源、高资源消耗,替代了对技术的投入和技术水平的提高。粗放型的以高能源、高资源消耗、低劳动力成本、低环境保护为主,而不是以技术进步和技术创新换取生产效率的增长方式,是长期以来我国经济发展的重要特征。

近年来,我国能源、资源的消耗以及占世界消费的比重持续急剧增长。技术进步和技术创新没有成为我国经济增长的重要动力。长期以来,我国经济的发展主要依靠的是增加物质资源的消耗,而不是主要依靠科技进步、劳动者素质提高和管理创新。这是当前我国生产要素不协调发展的主要表现,是当前我国经济发展中突出的结构性矛盾之一。

3. 政府特别是地方政府主导地方经济建设,参与市场经济活动,导致要素价格扭曲、资源配置效率损失

根据宏观经济学理论,在不考虑净要素收入的情况下,有:

$$CA=(S_P-I_P)+(S_S-I_S)+(T-G)$$

其中,CA表示经常账户余额,S_P、S_S分别表示私人部门和国有企业的储蓄,I_P、I_S分别表示私人和国有企业的投资,T表示政府税收,G表示政府支出。也就是说,在开放经济条件下,一国储蓄小于投资的缺口可以通过产生经常账户赤字的方法来弥补,也即通过净进口的方式来满足国内投资的需要,实际上就是通过形成对外负债、利用国外资本来补充国内储蓄的不足。反之,当一国的国内储蓄超过其国内投资需要时,也可以通过产生经常账户盈余、以商品净出口的方式,为国内富余资本(超额储蓄)寻找出路。

在我国,由于金融和融资渠道的国家管制,储蓄率高的主要因素在于私人部门储蓄长期居高不下。这种状况除了因目前社会保障体系不健全,而为了应对生活中的不确定性,人们被迫储蓄外,我国储蓄率高的另一个重要原因就是金融体制改革滞后于经济形势的发展,金融机构效率极低,不能按市场机制配置有限的资金,人们在没有好的融资渠道的情况下,只能是要么增加储蓄,要么盲目投资。

第二节 扩大内需与需求结构调整的政策与路径

一、有效需求的不足实质上是供需结构失调矛盾长期积累的结果

我国目前所存在的有效需求不足不是绝对的,而是需求总量不足而潜在需求巨大,供给总量过剩而有效供给不足并存的表现,是供需结构性失调长期积累的结果。市场急需的产品不具备首先扩张的生产条件,而所能提供的产品大多数与市场需求不符合。比如,一方面,我国许多传统产业面临着生产能力过剩和市场需求疲软的艰难处境,军工产业尤为明显;而另一方面许多的外国产品和外资投资企业所生产的产品在国内的市场.上的市场占有率却在不断扩大,而是不断涌向国外市场。对这种现象进行进一步的分析我们就会发现占领我国市场的外国产品要么是国内不能生产的,如企业如何处理好资源、能源和市场之间的关系,就宏观而言是最大限度的利用有限资源以满足人们日益增长的物质文化需求。建国之初在计划经济体制下资源的重复浪费和改革开放以来对资源的过度开采和滥用,导致水土流失、环境污染、资源短缺等一系列问题。加大对第一和第二产业的调整力度,合理开采利用资源和能源,为我们也为下一代营造一个好的生存环境。

二、扩大内需过程中的产业结构调整应与国家产业结构调整的战略目标为指导

战略产业最大的特点是其具有高的产业关联度,从技术上分析,战略产业通常与其他产业之间存在着很高的产业关联性,而且直接消耗都比较大,也就是说它与其他产业联系的强度也很大。正是由于这种关联使战略产业本身所具有的较高的生产率水平会很快传递到相关产业,产生强大的外部效应,从而带动相关产业的发展,并且这种外部效应还会通过产业部门之间的相互联系一级一级地波及下去,直到贯彻到各个产业之中从而使得各个产业的生产率水平都有着不同程度的提高。所以在扩大内需的过程中我们应该加快战略产业的建立和发展以便通过产业链对相关产业所产生乘数效应,实现迅速扩大投资需求的目标并最终实现消费需求的扩张。

三、扩大内需进行产业结构调整应该与国际贸易战略相协调

目前,我国国际贸易虽然经常处于出超状态,但分析我国国际贸易结构就可以看出,服务贸易存在着很大的逆差,高科技产品出口贸易额占的比例很小,出口额比较高的是转口贸易、加工贸易、轻工业产品、服装以及一些原材料性产品,总而言之科技含量极少。我国贸易出口的良性比例应该是以提高自主创新的产品和第三产业为主,适当发挥我国的劳动力资源优势。所以,第一扩大内需的投资要能弥补我国贸易的缺陷;第二扩大内需的投资眼光要看远与长期的贸易战略相协调;第三扩大内需的投资要以发挥国际贸易的互补性、特色性和自立性相统一。

第三节 收入分配及收入分配差异的深层原因

一、收入分配与经济增长理论回顾

(一) 经济增长对于收入分配作用的有关理论发展

经济增长与收入分配的关系是经济学长期关注的命题。传统经济学一向关注生产要素的收入分配份额,因为要素份额对国民收入增加值的贡献,度量了诸如劳动和资本这样的生产要素的相对收入,以此界定的收入分配模式又被称为功能分配。把国民收入划分为三类,即作为劳动报酬的工资、资本报酬的利润和土地报酬的地租。其分析集中在国民收入是如何通过三种要素的功能性分配而在社会中的三个主要阶级——工人、资本家和地主之间进行分配的,并预见性地指出,在以现代资本积累为基础的经济增长过程中的不平等将越来越大。

随着发展经济学逐步成为一门独立的研究经济发展的学科,收入分配和经济增长又成为发展经济学的一个重要的研究课题。

20世纪50年代出现的卡尔多(Kaldor)模型,明确指出收入分配在经济增长中扮演着十分关键的作用。这个模型认为,通过调整资本和劳动的不同储蓄率以实现稳定的均衡价值,如资本/劳动的比率上升到高于它的均衡价值,工资与利润的比率也会上升。如果工资以外的储蓄部分低于利润以外的储蓄,则会导致资本积累率下降,资本/劳动的比率也会下降到均衡水平以下,该模型由此认为,经济增长同收入分配紧密联系在一起,而且收入分配是保持经济均衡增长的重要条件。

收入分配在经济发展中的重要作用:首先,"无限劳动供给"的增长模型认为,经济增长是生产要素从低生产率部门向高生产率部门流动的过程。在这个过程中,由于收入分配的差异导致劳动要素从低收入的农业部门向高收入的城市工业部门流动。其次,如果在这两个部门之间的不平等远远超过每个部门内部的不平等时,那么,不平等会首先上升,

然后随着跨部门之间的流动，人们发现它们在一个各部门要素流动的收益趋于相等时，收入分配不平等会逐步下降。

到目前为止，尽管经济学家对经济增长究竟是否会有效地缓解收入不平等，还存在许多争议。但是，大多数经济学家都倾向于认为，任何一个国家的经济发展都不能忽视不平等和贫困化问题。目前的研究，还不能发现经济增长与不平等之间存在着某种一致和对应的经验关系及相应的理论依据。但是从经济增长和贫困的关系来看，大量关于经济增长和贫困化关系问题的实证分析和研究充分表明，经济增长确实有助于减少贫困。

（二）收入分配影响经济增长的作用机制的理论

在分析经济增长对于收入分配的作用时，经济学家就收入分配对于经济增长的作用进行了积极的探索。

早在1936年，凯恩斯就依据绝对收入假说，指出收入分配可以影响居民总消费。根据凯恩斯提出的绝对收入假说理论，凯恩斯线性消费函数：$C=a+bY$，式中，C 为现期消费，a 为自主消费（即必须有的基本生活消费），b 为消费倾向，Y 为现期收入。现期消费主要依赖于现期收入，即"绝对收入"，收入与消费是相关的，即消费取决于收入，消费与收入之间的关系也就是消费倾向。同时，随着收入的增加，消费也将增加，但消费的增长低于收入的增长，消费增量在收入增量中所占的比重是递减的，也就是所谓边际消费倾向递减。因此，需要"采取大胆果断的步骤，即以收入再分配和其他办法来刺激消费倾向"。

消费者都是理性的经济人，他们会根据效用最大化的原则来使用一生的收入、安排一生的消费和储蓄，使一生中的总收入等于总消费。这样，消费就不是取决于现期收入，而是取决于一生的收入。在此假定下，通过跨期最优化模型可以解出，边际消费倾向（MPC）是一个只与消费者的寿命、利率、时间偏好率、消费的边际效用的弹性有关的变量，与收入水平无关，因此收入分配不影响总消费。

而在实证研究方面，T. 佩尔森（Torsten Persson）及 G. 塔贝里尼（Guido Tabelini）、艾尔波托·艾莱斯那（Alberto Alesina）和丹尼·罗德里克（Dani Rodrik）通过实证分析，都提出了几乎相同的观点：初始的不平等与较低的经济增长之间似乎有着紧密的一致性关系。他们根据许多数据和资料，如通过对初始收入、学校教育及物质资本投资等进行分析时都发现，不平等的变量和经济增长之间呈现极强的负相关关系。

上述观点和分析表明，收入分配不仅是经济增长的最终结果，而且在经济增长的各方面和环节中都发挥着十分重要的作用。大多数人已经接受了初始不平等和经济增长之间呈反方向关系的观点；如果将财富这些变量考虑进来，资产不平等与经济增长之间的消极或负相关的关系就更为明显。这就说明，无论如何，过度的不平等及收入分配贫困化必然对经济增长产生一定的消极影响和作用。这种观点，已经成为发展经济学的又一个重要的理论模式。

（三）21世纪初收入分配与经济增长理论研究的新课题

20世纪80年代后期和90年代早期，东亚、非洲和拉丁美洲国家的情况可以看到，更快的经济增长的同时实现更加平等的分配是可能的。但是,近几年的发展现实可以看到,至少在东亚已经不再显现这样的关系。一些东亚"奇迹国家和地区"从20世纪90年代中期开始出现不平等,主要表现为土地价值的猛涨和熟练劳动力收入的增加。而很多发展中国家的情况也表明:快速的经济自由化导致一些群体收入高于另一群体,如熟练劳动力的工资水平高于非熟练劳动力的工资水平,资本收益获得者的收入高于劳动收益获得者的收入,由于农产品价格自由化带来的农民收入低于工人收入,等等。

同时,随着经济全球化进程的加快,技术进步和作为开放结果的非熟练劳动力的全球供给的增加,尽管贫穷继续降低,不平等却开始在一些国家加深。

总体来看,一方面,受益于技术的进步、国家之间更加开放,从而全球化生产、销售和服务更为便捷;另一方面,信用货币时代,全球汹涌的流动性也席卷着世界各地的资本市场和资产,特别是为新兴市场带来了更难预测的资产泡沫。这些都给经济增长、收入分配以及两者关系带来了更为复杂的影响。

二、我国收入分配的现状与问题

改革开放以来,我国收入分配的整体特征表现为:居民人均可支配收入增长水平低于全国 GDP 增速,居民内部收入差距不断扩大。

(一)宏观层面

收入分配结构可以从宏观、中观和微观三个层面来看。收入分配结构,从宏观上说,主要是指国民收入中政府的财政收入、企业的经营收入和居民的工薪收入之间的关系;从中观和微观角度看,包括行业之间,行业内、企事业单位内不同职位之间的收入差别。

(二)居民可支配收入差距

1. 城乡收入差距

具体考察居民收入差异的结构性特点,可以发现,与全国基尼系数相比,城镇和农村基尼系数相对较低,这说明城乡收入差距对全国收入差距的贡献相当大。除了现行居民收入统计调查体系对于农村居民收入统计上的遗漏,从而低估农村收入来源的因素外,还应考虑到我国城乡之间较大的物价水平差异、农村经济商品化程度较低等因素,单纯的收入直接对比并不能较好地反映出城乡之间实际生活水平的差异。在现有统计数据中,恩格尔系数可以反映食品支出占总消费支出的比例随收入变化而变化的一定趋势。恩格尔系数(%)= 食品支出总额/家庭或个人消费支出总额×100%,用食品支出占消费总支出的比例来衡量一个国家和地区人民生活水平的状况。因此,城乡居民恩格尔系数的对比,可以更好地反映出城乡居民生活水平的差异程度。众所周知,吃是人类生存的第一需要,在收入水平较低时,其在消费支出中必然占有重要地位。随着收入的增加,在食物需求基本满足的情况下,消费的重心才会开始向穿、用等其他方面转移。

2.区域之间的城镇居民收入差距

我国区域之间经济发展水平差异较大,因此区域之间收入差距也较大。从城镇居民可支配收入来看,东部地区与其他地区的收入差异较大,可以看到,城镇居民的区域收入差异主要是由东部地区收入水平的一枝独秀所引起的。

从农村居民纯收入来看,东部、中部、西部、东北四大区域间收入差异较大,这与城镇居民收入差异的情况不一样。东部、东北地区农村居民收入高于全国平均水平,中部地区农村居民收入略低于全国平均水平,而西部地区农村居民收入仅为全国平均水平的0.74。从区域角度看,要缩小全国收入水平的差异,应当积极帮助提高中西部地区农民的收入水平。

由于我国各地区生产力发展水平、商品经济程度、金融发展程度存在巨大差异,对于影响居民实际生活水平的衣、食、住、行的价格也不尽相同,尤其是商品住房的价格水平相差巨大,并且占据了一生收入的重要比重,因此将各地区收入水平直接进行对比就得出收入不平等的情况是比较草率的。采用相对值对城镇居民的收入水平进行比较可以得出相反的结论。采用各省市城镇居民平均可支配收入与各地人均GDP进行比较,可以看到与名义收入差异的巨大反差,东部发达地区可支配收入仅为当地GDP份额的40%~50%;全国平均水平为70%,高于此水平的均为中西部省份。因此,可以看出,不同地区之间城镇居民的收入差异要远远低于各地的GDP水平的差异。

3.行业之间的收入差距

总体来看,行业收入具有以下几个特征:
(1)具有垄断性或带有较明显垄断性的行业平均工资普遍较高,如金融类行业、航空运输业、烟草制品业等。
(2)具有高新技术特征的行业平均工资较高,如计算机服务业、软件业等。
(3)农、林、牧、渔业与大部分制造业、采掘业等基础性产业及弱质行业的平均工资偏低。
(4)市场竞争比较充分的行业平均工资较低,如纺织业、零售业、餐饮业等。

随着市场经济的深入,行业之间由于生产率水平的不同、人力资本的含量不同,收入差异扩大是符合经济发展特征的。如果人员可以在不同部门之间自由流动,人尽其能,那么收入差异可以刺激人力资本的积极性,对于产业结构升级、社会向知识型经济方向发展是有益的。但是,在我国行业收入差异中存在的问题是,部分国有部门凭借自身对于资源或者行业管理的垄断地位,获取了和自身人力资本水平远远不相符合的高收入,而且这样的行业人员流动也是较低的,具有较强的管理人内部控制的特征。因此,这样依赖国有垄断资源的优势获得的收入差距,对于经济结构调整和升级的阻碍作用也是很强的。

从行业收入差距的地区差异来看,由于地区之间在改革开放进程中所经历的阶段不同、所享受的国家优惠政策有很大差别,因此不同地区的行业平均工资差异很大。从统计数据可以看到,各行业平均工资最高的省份绝大部分是东部经济发达省区,而各行业平均工资最低的省份绝大部分是中西部省区。按地区划分,各行业平均工资高低比最低的行业是制造业和交通运输、仓储和邮政业,高低比最高的行业是金融业。整体来讲,东部地区的行业平均工资高于中部与西部地区，这是因为在我国"让一部分人、一部分地区先富起来"的发展战略下，东部地区较早地进行了改革开放，经济发展环境较中部和西部地区具有更大的优势。

（三）居民收入来源差异扩大

从理论上讲，居民的年度可支配收入应该等于年度新增消费加上新增储蓄。这里的储蓄是指广义的储蓄，即包括银行存款和投资，投资中包括金融资产（如债券、股票、共同基金）和其他理财产品的净投入，购买房产和其他固定资产等的净投入，农村的私人固定资产投资等。也即可以从家庭支出的角度来推算收入水平。

三、我国收入分配差异的深层原因

（一）要素分配中劳动报酬偏低的原因

1. 现行依赖要素投入为主的经济增长模式下全要素生产率贡献低下

我国经济的高速增长，主要靠要素投入的增长来实现。通过高储蓄率吸引外资和农村劳动力向城市转移，资本和劳动力等要素的高投入，首先造成要素价格，尤其是劳动力薪酬在很多竞争性行业被压低。

由于各地政府都把GDP增长率作为首要目标，故招商引资和基础设施投资便成为经济增长的主要手段。招商引资多以低廉的土地价格和税收优惠作为代价，超前或盲目的基础设施投资又导致财政支出中用于社会保障、教育和医疗卫生等民生的支出比重难以提高。基础设施的大投入，导致地方政府负债率的大幅度上升，使用于民生的财政投入更少，但与基础设施投资相关的企业却从中获益。而不少企业又由于人力成本低廉或在其他方面可获得优惠，往往能获得超额利润，这又加大了贫富差距。

2. 流转税为主体的税制结构加剧了收入的不平等

税收调节收入分配的方式，主要是通过宏观税负、税制结构、税种设置和各税种的税基、税率调整来实现的。税制结构，简言之，就是税种的布局问题。不同的税制结构对收入分配的调节及收入公平的实现有很大差异。以所得税为主的税制结构，其基本特征是以所得税为主体税种或主要税收收入来源，所得税收入一般占税收总收入的60%以上，流转税收入一般不超过总收入的20%，此税制结构有利于体现税收的社会公平，对调节收入分配具有良好的效果。我国目前以流转税为主体的税制，在充分发挥收入功能、保障税收大幅度增长的同时，由于其适用比例税率，在收入分配的调节上具有累退性，且流转税易转嫁，其比重越大，收入分配的差距就越大。

尽管流转税占我国税收总收入的比重多年来一直呈下降趋势，但至今在我国税收体系中仍占据着绝对主体的地位，表明我国财政对流转税有着非常大的依赖性。由于消费水平及支出项目结构的差异，流转税的转嫁会形成各不相同的税负归宿，这无疑会对收入再分配的最终格局产生影响。通常情况下，消费支出占人们收入总额的比例有随着收入增长而呈现逐步下降的趋势，从而使流转税具有累退的特点。

由于增值税对所有有形动产课税，税负转嫁通过价格和销售量的变动来完成，与商品的供给弹性和需求弹性直接相关。一般来说，生活必需品的需求弹性较小，而奢侈品的需求弹性较大，这就决定了生活必需品的购买者必须承担大部分的税负。同时，由于低收入阶层恩格尔系数比较高，其收入用于生活必需品的份额较大，而富裕阶层恩格尔系数比较低，其收入用于生活必需品的份额则较小，征收增值税的实际结果是，贫者的负担率高，富者的负担率反而低。在我国流转税总额中，增值税的比重无疑占到绝对优势。过度注重增值税的流转税制格局导致流转税整体凸显累退的特征。而在所得税征收方面，工薪收入被过度关注。

我国工薪税明显超高的占比表明，我国工薪阶层正承担着与其总体收入格局状况不太相称的赋税，劳动收入的税负程度偏重，与其在收入分配中的实际地位不相称。

（二）居民收入差距不断扩大的原因

1. 地区差异的人口大国特征

对我国而言，城乡二元经济结构，东、中西部巨大的经济差异，众多的人口和较低的城市化率，都是导致基尼系数高的原因，而不仅仅是经济发展水平问题。如果选取一些国家的人口与对应的基尼系数做相关性分析，发现还是存在一定的相关性，即人口越多，基尼系数越大。

假设把全球看成一个国家的话，把全球所有人口都合在一起计算基尼系数，大约是0.7，属于极其严重的收入差距不均。可以看出，全球不同国家和地区之间巨大的经济发展水平差异，是导致全球基尼系数畸高的主要原因。

就我国东、中西部地区间的收入差异来看，随着市场经济的不断深化而差距呈进一步拉大趋势。主要原因：一是由于各地区原有的经济基础、商品经济意识、产业结构、地理优势、对外经济联系、人口素质等因素的影响，使各地区经济发展水平互不相同，从而收入分配出现差距。二是由于政策因素的作用。改革开放后，政府对经济特区和沿海开放城市，实行了特殊的优惠政策，使这些地区在投资环境、引资条件、市场进入、特许经营、财税优惠等诸方面拥有了其他地区所不具备的特权。这些优惠政策的实施，有力地推动了这些地区外资和内资的引进，促进了经济的迅速增长。其结果必然带来发达地区愈加富裕、贫穷地区日益贫穷的现象，拉大了地区间收入水平的差距。

经济二元结构的存在是城乡收入差距存在的基本原因。在我国农村，以手工、半手工等体力劳动为主的农村劳动生产率，远远低于以现代工业为主的城市劳动生产率。劳动生产率的高低决定了收入的高低，从而导致了城乡居民收入的差距。而且，长期以来，我国不但存在着"二元经济结构"，还存在着"二元社会结构"。户籍制度把我国十多亿人分为"农业"和"非农业"两大类别，维持这种结构的是有关社会福利的多种制度。这种制度不仅阻碍了诸如劳动力的流动，而且给城市居民带来了农村居民无法享受的子女就学、公共服务等一系列福利待遇，使收入差距处于相对刚性状态。

因此，期望通过经济快速增长来缩小基尼系数，短期效果并不会很明显。此外，基尼系数也只是反映当年实际收入在不同收入阶层分布情况的一种指标，而非全面、客观来评价收入差距所造成影响的指标。

2. 农产品缺乏创造财产性收入的能力

长期存在工农产品价格"剪刀差"，致使农产品价格相对偏低。加上农民素质低、农业人口多等原因，农作物的生产仍然主要是手工操作，仍然固守原有不合理的资源方式，在不具有比较优势的产业结构中苦苦挣扎：往往以高投入、高产出为目标，过分追求高产量而导致化肥、农药使用剂量剧增，农产品成本不断上升，在市场上无价格优势，难以在市场竞争中取胜，造成农产品销售困难，农民收入增长逐步受到限制。

第四节　加快经济结构转型及分配结构调整

一、收入分配对于经济发展方式转变的意义

（一）我国赶超战略下的经济结构升级缓慢

在先行发达国家的成长过程中，产值和劳动力从农业向工业与服务业的转换基本上是同步的，即随着农业产值份额的下降，农业劳动力也相应地向工业与服务业转移，两者转移幅度的差异不大，因而在产业结构变动中，各部门之间在生产率和收益上趋于均等化。

在全球化背景下，各类产业面临先进国家的全面竞争的条件下，发展中国家的产业结构转换格局具有很大的倾斜性。在农业与工业中，工业倾斜发展；在轻工业与重工业中，重工业倾斜发展；在基础工业与加工业中，加工业倾斜发展。特别是当代发展中国家，产业结构转换普遍先于就业结构转换。这种状况反映了农业与非农业部门之间比较劳动生产率的较大差异。

从20世纪50年代到80年代初，我国为了迅速实现工业化，采取了"重工业优先发展战略"，导致重工业发展和技术、资本对劳动力的排挤同时发生，第二、第三产业发展滞后，它们在GDP和就业结构中所占的比重均偏低。1978年以来，我国工业化发展战略得到纠偏，第二、第三产业实现了弥补性发展，产值比重迅速上升。产业结构变化趋势与世界各国工业化加速阶段的一般规律十分接近。

从收入结构看，第二产业比重稳步上升并居于国民经济的主体地位，第三产业比重也稳步上升，第一产业比重则持续下降，并且突破了现代化水平的临界点。

市场经济在刺激生产力大发展的同时，也要求全部社会产品能够卖出去、消费掉。这样，才能顺利实现再生产过程，保持经济平稳较快增长。调整收入分配结构，提高低收入者有支付能力的需求，对加快产业结构调整有重要意义。

（二）收入分配的改善有利于促进消费

随着 2008 年欧美次贷危机的爆发，过去要素投入型的经济增长模式的需求结构模式亟待转型。因此，研究改善收入分配对居民消费的释放，对于经济结构向消费型经济转变具有重要意义。

几乎所有消费需求的新变化，都可以从收入分配来解释。传统的刺激消费方法，如投资拉动、货币扩张、通货膨胀预期、收入增加等，如果加入收入差距因素，就难以扩大消费。从理论上分析，随着城镇居民收入的增加、边际消费递减，高收入阶层的消费需求也呈现相对缩小的趋势。也就是说，在城市居民之间，城镇高收入和低收入的边际消费倾向之间差距在拉大。而占城乡人口绝大多数的低收入阶层有消费欲望却无支付能力，形成不了有效需求，消费市场特别是农村市场难以启动。两股力量相互作用，共同制约了我国消费的增长。

而随着收入分配差距的扩大，收入增量主要流向了低消费率的高收入阶层，高消费率的中低收入阶层收入增长有限，这样总的效果将是消费率的下降。同时，由于高收入者购买力不断增加，企业将会扩大针对这个群体的消费品生产，因此就出现了汽车、住房等局部消费热点，而同时普通消费品相对偏冷的情况。具体从边际消费倾向的角度看，我国的城镇居民的最高收入户消费倾向不大，2017 年只有 0.47，中等收入户和低收入户偏大，最低收入人群边际消费倾向为 0.96，相差近 1 倍。因此，政策制定应该倾向于低收入人群。通过提升工人、农民收入在国民收入中的比重，提高他们有支付能力的消费需求，为社会再生产的顺利实现提供良好的国内环境。

当然，虽然消费不振除了居民消费不振之外，还有政府和企业消费不振的问题，但居民消费近年来一直占最终消费的 80% 左右，远远超过政府和企业消费所占比重，所以仍然是导致消费不振的主要原因。

另外，该结论也表明，边际消费倾向最高的收入组并不是城镇低收入阶层和农民阶层，而是城镇中等收入阶层。这说明，扩大中等收入者的比重，对于刺激我国居民消费具有重要作用。因此，应该在初次分配和再分配中，按照社会公平和公正的原则，加强收入分配政策的实施力度，以不断壮大中等收入者队伍，这将更有利于扩张我国居民消费需求、加快我国经济结构转型。

二、推进制度创新，加快经济结构转型

提高农民收入的政策取向包括：一是通过市场和政策机制，提高农业劳动生产率和收入分配份额；二是加快城镇化进程，使农村人口向城镇人口转化，以此来提高农民收入。

（一）提升农业劳动生产率及收入分配份额

提高农民收入从提高农产品价格和务工收入入手。农产品价格方面，虽然现阶段提高粮食价格的可行性较小，但政策可以改善农民在粮食生产至最终零售整个过程中的收入分

配份额,也可以提高三农补贴转移支付。农业税取消、完善农村土地承包经营、全面推进集体林权制度改革、建立土地使用权流转制度都是长期根本的保障农民利益的措施。

在加快农民财产性收入提升方面,需要积极推进农村土地制度创新,建立健全土地承包经营权流转市场,让更多农民群众获得集体土地的增值收益。目前,农村居民财产性收入中增加较多的是租金收入和转让承包土地经营权收入。因此,对农民而言,土地是财产性收入的主要来源。进一步扩大农民对土地的处分权,进一步明晰农民的房屋、土地等产权,让它们成为可以抵押、转让、入股、出租等的金融资产,让农民原来死的不能动的财富转变成可以再生更多价值的活资本,从而有效解决农民土地等不能自由流转、大量土地房屋常年荒芜空置的问题。同时,建立起相关法律制度加以保护,规范征地过程中的各级政府的权力范围,防止行政权力在土地交易中的渗透。

(二)加快中西部地区城镇化建设

在当前我国经济发展的背景之下,引致农村剩余劳动力向城市流动的因素仍然主要是收入差距。鉴于目前在我国东部,城乡差距已经大大缩小,乡镇企业发达,农村剩余劳动力向城市迁徙的高潮已经过去,现有的城乡人口流动规模同中西部相比要小得多。

在我国,因区域经济发展不平衡,东部地区城镇化发展水平较高,而中西部地区城镇化水平、工业化水平都相对较低。因此,劳动力流动不仅表现为不少国家在经济发展过程中都曾经出现过的农村剩余劳动力向城市流动,而且尤为突出地表现为大量人口由中西部欠发达地区流向东南沿海发达地区的跨区域流动。

但是,我国目前的劳动力流动严重地受到户籍制度等因素的约束,大量农民工进入东部地区务工,但无法真正融入城市生活成为新市民。考虑到我国改革的渐进式特征,在相当长时期内户籍制度存在等原因致使劳动力市场不可能一下子全部放开,因此,在当前推进中西部城镇化、创造条件让农村人口在就近城镇就业并成为城镇新市民,是切实可行之举。

一方面,目前东部地区因劳动密集型产业成本上升而面临经济结构急需转型、产业结构面临升级并且向中西部实施产业转移的趋势。在这一背景下,推进中西部地区城镇化战略有助于发挥劳动力密集型产业的比较优势,在增加中西部农民就业机会的同时,有利于东部和中西部形成产业链上的联系效应,以改变中西部地区仅仅是东部地区廉价劳动力输出地的局面,增加中西部地区产品的附加值,进而缩小地区收入差距。同时,在户籍制度维持不变的前提下,中西部地区农民到东部打工并将部分收入寄回家,虽能在一定程度上增加收入并缓解地区收入差距恶化,但并不能从根本上解决问题;只要中西部地区农民不能永久地在东部地区定居,地区收入差距扩大的问题仍然没有解决;虽然目前东部少数地区开始允许少数优秀农民工在当地定居,但对于中西部地区仍然处在贫困或刚解决温饱的广大农民来说,只是杯水车薪,对于加速农村剩余劳动力转移过程意义不大;相比之下,推进中西部城镇化战略却具有"抓中间,挑两头"的全局意义。

(三)有效放开民营资本的准入,扶持中小企业发展

1992年以来,我国经济的一大特征是民营企业的快速蓬勃发展,为居民就业的提升

做出了重要的贡献。私营企业的迅猛发展与1992年之后我国政府推行的一系列市场化改革有关，但私营企业相对较高的生产效率和投资回报率却是背后真正的推动力。

虽然私营企业效率较高，但我国金融机构显然更偏好国有企业。长期以来，私营企业融资困难一直是阻碍我国经济进一步发展的重要因素。私营企业往往只能依靠留存收益、企业家个人储蓄和一些非正规渠道为运营和发展提供资金。而中小型私营企业，就更加难以通过正规金融支持获得发展。由此可见，通过鼓励资源流向生产效率更高的民营中小企业，可以推动经济高速增长，提升就业水平，并有效地提升居民收入。

三、通过完善初次分配的结构推动经济结构转型

（一）推动初次分配的改革、提高劳动要素的收入份额

初次分配领域的改革，可以概括为"提低、扩中、调高"。收入分配制度改革的总体措施是：着力提高低收入者收入水平，扩大中等收入者比重，有效调节过高收入，取缔非法收入。

初次分配领域的改革主要涵盖：提高低收入人员收入水平；改革公务员薪酬制度；提高农民收入水平；限制垄断行业收入。

提高低收入人员收入水平和改革公务员薪酬制度，一是加大政策保护；二是扩大就业。目前的政策已经有所体现，包括各省发布了工资指导线、调升最低工资标准；提高个人所得税起征点。对垄断行业进行收入限制的政策取向，包括：一是继续推进要素市场化，对资源和环境进行定价，使垄断企业的成本内部化；二是实施国企分红制度，国家作为资本所有者将参与垄断企业的利润分配，抑制垄断企业的过度积累和无节制提高职工收入；三是放宽行业准入，进一步向民营资本开放。

由于在大量农村剩余人口的条件下，我国劳动者在收入分配中长期处于弱势地位。因此，政府应当积极推动劳动者报酬决定的集体协商谈判机制，从根本上改变劳动报酬在国民要素分配中的不利地位。较之资本所有者，单个劳动力在劳动力市场上处于绝对弱势地位，从而导致其只是价格的被动接受者，没有讨价还价的能力。这是居民所获劳动报酬低的重要原因。要改变这种状况，需要形成劳动者收入的集体谈判机制。谈判双方不是资本所有者和劳动力所有者，而是资本所有者与劳动力所有者的代表——工会组织，这样能更好地维护劳动者的权益，最终形成雇员、工会、雇主和政府四位一体的劳动报酬集体谈判制度。政府还应当建立健全涉及保护劳动者利益的各项法规，严格保护劳动者权益，包括严格的劳动保护制度、最低小时工资标准制度、社会保障制度、根据物价指数调节居民劳动报酬水平的制度等。

在劳动者、企业、政府要素分配格局中，还应当积极推进财税制度改革，主动控制政府财政收入在国民收入分配中的占比。同时，将目前的以流转税为主体的税收格局逐步转变为以所得税为主，所得税重点从工薪收入征收为主转向财产性收入为主，从而更好地缩小收入分配的差距。

（二）增加居民财产收入的制度改革

中低收入阶层目前财产性收入来源较少，对于收入提升贡献较低，这也是收入差距不断扩大的重要因素。因此，需要从法律和产权制度上保证居民特别是中低收入阶层的财产，要高度重视对社会弱势群体财产权的保护。对他们财产的征用、没收都应严格纳入法律之下，确保财产性收入来源的基础稳固，包括农民的土地、城镇居民的房屋、小摊贩的摊位和工具等。一旦中低收入阶层连维持基本生存的财产都丧失了，那么无论政府怎样"创造条件"，他们也不可能"拥有财产性收入"。因此，更大力度保护普通居民的财产权，以及他们在任何地方都能有劳动吃饭的机会，是最应该被"创造"的条件之一。

加强和完善资本市场立法，创新金融及其管理制度，为居民获得和拥有更多的财富创造出更多的金融工具。目前，居民财产收入中大部分来自利息收入，红利收入很少，这使居民难以通过资本要素来分享经济增长带来的企业利润增长。所以，通过有效地放开民营资本的准入，改善小企业、中小经营者的生存和发展环境，才能逐步提升广大居民的资本要素收入。

营造"公平、公正、公开"的投资环境，是保证广大居民，特别是中小投资者提高财产性收入的重要条件。近年来，不少百姓的财产性收入，都与金融密切相关，主要来自股市和基金。当前，要进一步遏制"消息市""政策市"等现象。在市场制度的设计上，要注重保护在资金、信息等方面都处于劣势的中小投资者的利益。同时，在金融市场方面，还要加快多层次市场体系建设（包括股票、债券、基金、黄金、外汇、期货等），加快金融产品和金融工具创新，不断改善金融服务，构建广大居民收入来源多元化、风险结构异质化、资产存量组合化的理财平台，为居民拥有更多的财产性收入创造条件。

（三）提升收入水平的制度创新

政府积极主导制度创新，推进适合我国社会经济状况的"收入倍增计划"，通过改善国内消费环境，鼓励中小企业、服务行业的发展，从而创造更多就业职业和收入来源，对于缩小收入差距、提升中低阶层居民收入水平、促进经济结构转型具有积极的意义。

四、向服务型政府模式转变，适应经济结构转型

要缩小贫富差距，就应该转变经济发展方式，而这也是目前政府极力倡导的。但是，经济发展方式的转变需要一个中长期的过程。因此，只有加快转变政府职能，成为服务型政府，政府服务重点转向民生保障的支出，积极提高中低收入阶层的福利，帮助缩小居民收入差距，才能适应经济结构转型的需要。

短期内，我国即便改变了政府主导的以 GDP 增长为目标的粗放型增长模式，也难以改变以高储蓄率为特征的、以要素投入为主导的"东亚模式"。虽然从长期看，只有技术进步、提高效率才是经济增长的长期可持续动力。但我国作为耕地、矿产等资源都相对短缺的人口大国，就业是最大的问题，劳动力过剩即便是在目前这种不是靠技术进步来推动的增长模式下还无法避免，未来随着农业现代化的实现，劳动力闲置现象将更加明显，这是单纯靠技术进步所不能解决的问题。

因此，如何通过收入合理再分配来缩小贫富差距，是政府工作的重点之一。但随着4万亿投资项目的结束，而同时地方政府通过融资平台产生的间接负债规模日益扩大，长期需要继续维持基础设施投资的高增长已经十分困难，这也会加快地方政府角色转型的速度。

当前，我国虽然已经建立了教育培训、保障住房、养老、医疗、失业、工伤、生育等各项公共服务网络，但存在覆盖面有限、全国标准不统一、给付数量太少等问题。上述问题的存在，使农村居民、中西部地区的城市居民、不享有良好社会福利的工薪阶层无法解除后顾之忧，增强了他们的预防性储蓄动机，从而抑制了居民消费。同时，农村教育培训体系的落后，也使我国大量农村剩余劳动力无法获得人力资本积累，也无法向劳动生产率水平较高的部门流动，对于我国经济结构转型、经济发展方式转变也极为不利。

因此，需要消除城乡分割的收入再分配制度，建立城乡一体化的民生保障、公共服务体系。在目前城乡分割的制度下，农村居民的生产、消费和再分配收入均受到抑制。近年来，政府对农村居民的补贴使这种情况有一定缓解，但由于这只是临时性的措施，目前还难以改变转移性收入分配不平等的大趋势。要从根本上解决转移性收入扩大城乡收入差距的问题，就需要通过立法的方式，从制度上取消城乡分割的公共服务体系，使公共服务与居民的身份地位"脱钩"，建立对全体公民一视同仁的公共体系。公共服务制度的城乡一体化，将导致财政加大对那些享受社会保障较少的群体（如农村居民）的投入，使农村居民能与城镇居民一样，享受相同的政府转移支付待遇。而且，这也会促使欠发达各省区的政府部门增加对农村居民的转移支付，至少与对城镇居民的转移支付力度相同。

另外，还需要增加政府之间的转移支付，建立全国各区域之间一体化的公共服务体系。各地区经济发展水平不同、财政充裕程度不同，是造成地区之间转移收入分配不平等的重要原因。要消除这种情况，需要建立全国各区域之间一体化的公共服务体系。在此体系之下，无论是发达地区还是欠发达地区的居民，都应享有相对平等的转移支付待遇。这就可以逐步缓解地区间不平等问题，刺激中西部地区的居民消费。由于各地区财力不同，因此要建立这样一个体系，需要增加政府之间的转移支付，尤其是增加中央财政对经济欠发达地区的转移支付，使地方财政不充裕的省区有足够的财力进行转移支付。

第四章 经济发展技术结构对策

第一节 经济增长中的技术要求

当前经济运行面临较大下行压力,困难挑战明显增多。经济发展面临的需求收缩、供给冲击、预期转弱三重压力没有改变。国内疫情多点散发,一些城市按下"慢行键",封控管理区域部分停工停产,产业链供应链遭遇堵点;部分行业企业困难加大,小微企业面临运营困难;旅游住宿、交通出行、餐饮娱乐等接触性聚集性消费活动受到制约;重点群体就业难度增加,部分行业就业人数减少。从中央到地方,宏观政策、微观政策、结构政策、科技政策、改革开放政策、区域政策、社会政策加快落地,尤其近期进一步发力,与疫情竞速,和困难赛跑,在助力经济爬坡过坎中不断释放"稳"的力量。

当前我国发展仍具有诸多战略性的有利条件,经济体量大、回旋余地广,又有超大规模市场,长期向好的基本面不会改变,具有强大的韧性和活力。我们既正视困难又坚定信心,坚持稳字当头、稳中求进,努力完成全年经济社会发展目标任务。

从全社会的角度看问题,技术进步包括两方面内容,一是各个部门、各个行业、各种生产上所使用的各项技术本身的进步;一是整个国民经济中各种技术手段之间的比例和联系的改善。前一个过程可称为科学技术的现代化过程,后一个过程可称为技术结构的合理化过程,这两个过程是互相紧密联系着的。由于各个部门、各个行业、各种生产上所使用的各项技术的进步总是不平衡,于是引起整个国民经济中各种技术手段之间的比例和联系不断变动,而这种变动反过来又促进各项技术本身的发展。这就意味着,科学技术的现代化过程影响着技术结构的合理化过程,而技术结构的合理化过程又推动着并在一定程度上包含着科学技术的现代化过程。一般来说,每个行业、每个部门都有自己的技术结构合理化的问题,但是,整个社会的即宏观的技术结构合理化问题具有最重要的意义。它影响深远,关系重大。任何国家在制定自己的经济发展战略时都不能不首先考虑宏观技术结构的选择。但是,宏观技术结构的选择又必须服从经济发展战略目标的需要,二者是相辅相成的。今后几十年,我国在技术进步方面的基本任务,就是要向整个科学技术现代化和宏观技术结构的合理化迈进。

第二节 宏观技术结构的标志

对于我国经济理论界以及经济部门广大干部说来,"技术结构"是一个比较陌生的概念,即使在一些经济发达国家,它也是近些年才被作为专门的研究课题。国内外对技术结构至今还没有一个完整的和公认的解释。因此,为了准确地表达我国技术结构的现状和讨论我国技术结构今后发展的趋势,有必要首先确立一套大家可能同意的范畴概念和指标体系。

何谓技术?这是第一个问题。所谓技术,从广义说就是人类在与自然之间进行物质变换和能量传递活动时,根据自然科学和社会科学原理(连同它们的经验形式)而创造的各种活动手段,包括生产工具、工艺流程以及它们的操作方法和操作技巧等。在这里,唯一值得注意的是,这里所讲的"生产工具"是广义的生产工具。人类获得的一切用来增强自己的身体以便征服自然和改造自然的力量和东西,都属于生产工具的范畴,这些生产工具本质上都是人体器官的延长、放大和提高,是人类体力的扩大和强化。例如,机器、车辆是运动器官手和腿的延长,显微镜、望远镜是认识器官眼睛的延长,计算机是思维器官大脑的延长,能源是体力的扩大,等等。总而言之,技术既有形态的多元性(实物形态、信息形态、智力形态等),又有功能的中介性(它是科学知识借以并入生产过程的媒介)。

由于自然科学的发展程度及其在生产活动中应用程度的不平衡,造成了各种技术手段先进程度的差别。这些不同水平的技术手段在不同生产部门或不同企业的同时存在和相互联系,就表现为技术结构。因此,所谓技术结构,就是不同先进程度的技术手段之间的相互关系和数量比例。

技术既然是人与自然之间进行物质变换和能量传递的活动手段或媒介,那么,"技术手段的先进性"就必然表现在四方面:第一,进行物质变换和能量传递的效率,或者说生产的效率,它通常是以单位时间内提供的产品数量来衡量的;第二,产品的质量和性能,如自重、精度、使用价值、耐用程度等;第三,工艺的完善程度,如能够在多大程度上节约能源和原材料消耗,提高操作的安全系数、增进加工的连续性和简易性等;第四,劳动者的劳动熟练程度和科学技术知识水平。

"不同先进程度的技术手段之间的相互关系"指的是它们之间在技术属性上相互配合、相互制约和相互补充的那样一种联系,而它们之间的"数量比例"则指各部分技术手段在国民经济总体中所占的比重和它们之间的相对份额。

由于生产门类繁多,技术千姿百态,因此任何一种单一的指标都不可能表现出技术结构的全貌。在经济科学上,能够较全面地表现技术结构真实面貌的,是以一种指标为主而辅之以其他数量指标和质量指标的指标体系。在现代条件下,这个指标体系至少可以分为下四部分:

第一,劳动者技术装备程度指标。自从18世纪发生产业革命,特别是20世纪发生第三次科学技术革命以来，物质生产过程已经不再是一个工种单一、工序稀少、在某种程度上各工种、各工序可以互相分离的过程，而变成了一个多工种、多工序的，连贯而复杂的过程。在这个过程中，人们原先必须用自己的器官和体力来完成的劳动功能，逐步地并且在愈益增大的程度上转移到他们所创造的生产工具上，由它们代替自己去完成。这就是人类的劳动功能不断物质对象化和生产工具的物质属性不断劳动功能化的过程。这显然是技术上一种进步性的发展。为了标志劳动者技术装备的这种发展的程度，就必须使用"自动化""半自动化""机械化""半机械化"和"手工工具"五个指标。

根据定义，技术是人类借以同自然进行物质变换和能量传递的手段或媒介，那么，在整个社会范围内表现不同先进程度的各层技术所占比重的，就应该是各层技术所装备的劳动者人数之比。

必须指出的是，这些指标毕竟只能标志出生产过程的一种性质或一个侧面，并不能概括技术进步的全部内容。例如，实际生活中往往有这样的情况，几种生产活动都可以被看成是属于"自动化""半自动化"或其他技术等级的，但它们所依靠的技术手段在先进程度上却有显著的差别。例如，我国农村中用水力冲动车水灌田的水车，人们不能不承认它们是某种程度上的"自动化"生产工具，但比较起当今世界上那些使用电子计算机的自动控制装置来，简直不可同日而语。又如，刀耕火种与雕刻刺绣，同属"手工工具"技术等级，但它们之间的悬殊差别不啻天壤。不仅如此，如果单单以这类指标表示技术水平，还可能给人一种错觉，似乎现代化只有提高机械化、自动化水平（即增加装备的数量）一个方向，从而忽视别的同样很重要的任务，如工具质量的改进、劳动对象的革命（各种化学材料的研制和推广之类）、工艺的革新、生物工艺的发展、管理的改善、劳动熟练程度的提高等。为了消除概念中可能有的这种不确定性，准确而全面地表示出真正的技术进步，有必要引入另一些指标与之相配合。

第二，技术现代化程度指标。前已表明，技术是根据自然科学和社会科学原理发展而成的一种活动媒介，那么显然，在各种技术之间就有精密与粗陋的分别。因为，要创造先进的技术，没有系统的和高深的科学研究是绝对不行的。而创造简单的技术，只须有一点文化知识或相当的经验就足够了。与此相适应，较高的技术可以产生较高的生产效率和产品质量，提供较大的节约总额和安全系数；较低的各级技术则依次递减。技术随着自己所依靠的现代科学基础的发展而逐步提高的过程，就是技术的现代化过程。因此，每个国家的整个国民经济的技术水平，都可以按当时世界上公认的标准，划分出"尖端技术""先进技术""中等技术""初级技术"和"原始技术"五个级别。如果说技术装备程度标志着重表现劳动者所推动的生产资料的数量，即列宁所说的第一种技术进步的话，那么可以说，技术现代化程度指标则着重表现装备劳动者的生产资料本身的质量（性能和效率），即列宁所说的第二种技术进步。

有了技术现代化程度的这种划分，再加上劳动者技术装备程度的那种划分，基本上就可以表现出一个社会的技术的先进程度来了。事实上，人们也经常把这两类指标配合起来表现某种技术水平，例如所谓的"自动化尖端技术""机械化先进技术""手工原始技术"等。

在一般情况下，这两类指标有着相当一致的对应关系，例如尖端技术大多是自动化的，先进技术大多是半自动化的，如此等等。但是，这种对应关系并不普遍存在，相互之间也有发生交错的时候。例如，同机械化对应的就可能有先进技术和中等技术，甚至还可能有初级技术。这种不一致关系，随着生产力的发展，在一个长的历史时期中表现得更为明显。

技术现代化程度，除了可以用上述五个指标表现以外，还可以用"化学化程度"和"生物工程化程度"（或"生物工艺化程度"）等指标做辅助性表示。化学化是国民经济技术进步的基本方向之一，它表现在广泛采用化学材料和广泛应用化学加工方法这两方面。生物工程化也是国民经济（特别是农业）技术进步的一个基本方向，它表现为在生产过程中日益提高采用生物技术的程度。20世纪60年代以来，一些发展中国家在农业中实行所谓的"绿色革命"，就是以推广生物技术（主要是良种化）为核心，以提高化学化程度（主要是增施化肥）为重要内容的，其成果也比较显著。

第三，生产社会化程度指标。众所周知，生产力的社会化是历史进步的重要标志，而这种社会化从根本上说正是技术进步的结果（当然，它同时又是技术进步的条件）。列宁就曾经把劳动的社会化，把分工、协作的发展，称为技术进步的初级阶段。因此，反过来也可以用生产社会化指标来表现技术进步的程度，生产社会化指标主要有三个："专业化水平""协作化水平""商品率"。前两个指标主要适用于工业、农业和建筑业部门，后一个指标主要适用于农业部门。

第四，生产文明化程度指标。产业革命以来的历史表明，生产的发展同生态平衡以及环境保护有一定的矛盾。人们为了保障并提高自己的生活环境的质量，为了生产力的长远和持续的发展，竭力发明那种能够减少环境污染和促进生态平衡的先进技术，以进行文明生产。因此"环境净化（污染）程度"和"生态平衡（破坏）程度"就成了生产文明化程度的两个基本指标。

第五，劳动熟练程度指标。技术有物质形态的和知识形态的两种。后者的一个重要部分，就是劳动者的劳动熟练程度（专业知识、生、操作技巧和一般文化水平）。实际工作中，可以用"工人平均技术等级""工作者受教育程度"等指标来表现。

综上所述可见，技术是一个相当复杂的事物，具有多种属性，人们可以从不同的侧面去认识和表现它们。如果要把握一个国家技术结构的全貌，就应该从上述这一整套指标去了解，而不宜以偏概全。但是，同任何事物都有自己的基本属性一样，技术结构也是可以从它的基本特征上去把握的。人们从研究和表述的需要出发，使用少数基本指标去说明问题，应该承认是适宜的。对于技术结构对策来说，抓住"劳动者技术装备程度"和"技术现代化程度"这两类基本指标，就完全可以了。

第三节　我国技术结构的合理化和现代化

技术结构优化包括技术结构的合理化和技术结构的现代化两个紧密相关的内容。技术结构的现代化过程影响着技术结构的合理化，技术结构的合理化过程又促进并在一定程度上包含着技术的现代化过程。所以技术结构优化是在技术结构合理化的同时提高技术结构现代化水平，就必须使我国的技术结构本身再来一番根本性和进步性的变化，针对着我国技术结构的基本特征（一方面总体水平低，同发达国家比差距悬殊；另一方面内部结构不合理，国民经济各组成部分之间技术水平差距悬殊），必须着力消除这种畸形状态，实现总体水平高的和差距正常的多重技术结构。这一任务，具体来说有两方面：实现主体技术，从而使整个技术体系向现代化迈进和实现宏观技术结构的合理化。

主体技术向现代化迈进，可以从两个角度去理解。一方面，可看成是现任主体技术（在我国就是农业中的手工工具技术和工业中的机械化技术）本身逐步提高自己的先进性的过程；另一方面，可看成是技术结构总体中初级技术、中等技术、先进技术（或手工技术、机械化技术、自动化技术）等不同先进程度的技术手段依次占据"主体技术"位置的过程（对原先占据主体位置的较落后技术来说，就是退出主体位置的过程）。前一方面是原有技术的改造和提高，后一方面是陈旧技术的淘汰和取代。两个过程既是兼容的，也是可以同时发生的。主体技术向现代化迈进是提高技术结构总体水平的基本途径。在主体技术向现代化迈进的前提下，如果能够同时提高非主体技术，缩小各层技术之间水平上和比重上的差距，则技术结构总体水平将有进一步的提高。

技术结构合理化是实现后一步骤的基本途径。它要求在提高主体技术水平的同时，相应提高非主体技术的水平，并尽可能填补总体中各个层次之间的巨大鸿沟，使所有各层技术之间，所有各经济组成部分之间能够互相补充和促进，而不互相脱节和掣肘。在我国目前条件下，实现宏观技术结构合理化就是要逐步提高半自动化和自动化的先进技术与尖端技术的比重，逐步缩小半机械化和机械化的初级技术与中等技术的份额，基本上淘汰原始技术。此外，在进一步提高工业生产技术水平的同时，要更加迅速地提高农业生产技术水平；在进一步提高相对先进的行业（如种植业）技术水平的同时，要更加迅速地提高特别落后的行业（如畜牧业）的技术水平；在进一步提高沿海地区的技术水平的同时，要更加迅速地提高西部和中部地区的技术水平。

技术体系向现代化迈进和技术结构的合理化，统称为技术进步。技术进步有不同的类型。就大范围和长时期来考察，可分为飞跃式发展和连续式发展两种。

飞跃式技术进步，指的是从一种较低水平的技术体系向技术上有重大突破和根本变化，因而有更高水平的另一种技术体系的过渡。例如，工业生产中从蒸汽技术体系到电气技术体系的过渡，以及由后者再到电子技术体系的过渡，农业生产中从传统农艺技术体系到现代生物工艺技术体系的过渡，等等。在飞跃式技术进步中，虽然必定有若干量变存在，但主要表现为质变，是在长期量变的基础上发生的全局性的质变，是整个技术体系规模上的质变。

连续式技术进步，指的是某一技术体系内部，依次继起的一系列进步发展。例如，在电气技术体系内部从半手工半机械化阶段向机械化阶段，以后又向半自动化阶段的进步发展。在这一发展中，虽然也有部分质变存在，但主要表现为量变，是没有根本性科学技术突破的量变。

飞跃式发展与连续式发展是技术进步过程中量变与质变的不同表现方式，二者是不能截然分开的。由于技术结构总体是一个多层次、多侧面和不平衡的复杂事物，所以在技术发展史上，这两种技术进步方式总是同时存在的。当然，它们作用的领域、程度和后果都不完全一样。一个国家，视其原有科学技术基础的厚薄、基本经济结构（所有制结构、产业结构、就业结构等）的状况和经济建设战略目标的需要，以及其他制约技术结构变化的因素的差异，可以在不同时期、不同地区、不同部门和不同行业中选择不同的技术进步方式或两种方式的不同比例组合，以求得技术结构总体的最迅速和最大幅度的进步。

在较小的范围和较短的时期内观察，同一技术体系内的技术进步还可以划分为两种。第一种技术进步，指的是在生产力发展过程中平均每一个劳动者所装备的生产资料（主要是生产工具）的数量的增长。这种技术进步使物化劳动以愈益扩大的规模代替活劳动，在单位产品中实现着活劳动的节约，这也就是"技术构成"的提高。在现实生活中，这种发展主要表现为机械化技术逐步代替手工技术的过程。第二种技术进步则主要指提高生产资料的质量和效率，改进工艺设计，完善管理技术，提高劳动者的智力水平，在单位产品中实现总劳动（特别是物化劳动）的节约这样一个过程。以活劳动所推动的生产资料的数量增加为主要内容的技术进步，即第一种技术进步，是技术进步的初级形式或粗放形式；以生产资料本身的性能和质量的改善为主要内容的技术进步，即第二种技术进步，是技术进步的高级形式或集约形式。前者，大多发生在工业化、现代化进程的初期，在这一时期内，生产资料生产优先增长规律有较为明显的影响；后者，大多发生在工业化、现代化进程的后期，在这一时期内，生产资料生产优先增长的趋势开始减弱。当然，这两种发展类型只有在理论中才能彻底划清界限，实际生活中它们总是互相交错在一起的。但这并不等于说划分这两种技术进步类型没有意义，更不等于说某一项技术进步不可能确定为某一类型。对于任何一个国家来说，这两种技术进步类型都是不可缺少的。在需要以机械化技术去取代手工技术，提高劳动者装备水平的场合，第一种技术进步是必要的和不可避免的；在装备程度相对稳定的情况下，如果要取得更多和更好的产品，实现更高的经济效益，则第二种技术进步是更适宜和更有效的。

根据以上分析，我国技术体系向现代化迈进和技术结构合理化所应遵循的道路，亦即技术进步所应选择的方式或类型，就比较清晰地显现出它的轮廓来了。我国原有技术基础比较薄弱，目前还不能说已经临近必须由一种技术体系向另一种技术体系全面过渡，例如由电气技术体系向电子技术体系全面过渡，由传统农艺技术体系向现代生物工艺技术体系全面过渡的阶段。相反，主要任务倒是迅速提高原有技术体系中各部分、各层次的水平，逐步由手工工具技术发展为机械化技术和自动化技术。当然，飞跃式发展的某些因素是存在着的，例如某些生物工艺的采用，某些电子自动控制技术的采用，等等。这些因素的存在和积累，为将来实现技术体系的飞跃准备着条件。但是在目前，这只是一些个别的因素，而不是完整的体系，因此在现阶段，在整个国民经济的范围内，应该以连续式发展方式为主，配合以某些带有飞跃因素的技术进步方式；在同一技术体系内部，在已经有了相当技术基础的场合，例如工业，应该以第二种技术进步方式为基本，同时不排斥必要的第一种技术进步，而在技术基础薄弱因而亟须用机器和其他新技术取代笨重的体力劳动和过时的经验成规的场合，如农业，则应是两种技术进步方式并重。

"适用技术"是一个相对性的概念，相对于我国的国情，相对于国内不同部门、不同行业、不同地区的具体情况，必须是适用的"情"有多种，但只有同技术结构紧密相关的才有资格加入判断技术适用性的标准系列。对于我国来说，技术适用性主要表现在：能充分地和节约地利用我国的自然资源；能显著地节约能源和材料；能改善产品结构；能较大幅度地提高劳动生产率；能尽可能多地提供就业岗位；能相对地节约资金；能明显地减少和避免环境污染与生态破坏，促进环境净化和生态平衡。

从以上分析可以看到,"适用技术"不是一个纯技术的概念。其中,既包含技术上的先进性,又包含经济上的合理性。可以这样说经济上的合理性加技术上的先进性,就等于技术选择上的适用性,因此,适用技术同整个技术范围都有关系,它既可以是先进技术,又可以是尖端技术,还可以是中等技术,在特殊条件下甚至可以是初级技术。有的技术,即使具有先进性,但不具备经济合理性,也是不能进入适用技术行列的

"先进技术",严格说是一个世界性和时代性的概念。只有那些在当代世界范围内,在先进性等级表上居于高层次的技术,才能称为时代的先进技术。在确定技术的先进性时,一般应在完整的即世界性和时代性概念的意义上来确定。"适用先进技术"有两重含义:一是指所选择的先进技术应适合我国国情并具有经济合理性;二是指我国目前的适用技术的主体部分应是先进技术。因此,对于国内那些特别落后的部门、行业和地区来说,不强调"先进"概念,更不强调世界意义上的"先进性",更多地选择一些适用的中等技术或初级技术,不仅完全必要,而且更加适宜。但即使在这些部门、行业和地区,只要条件允许,也应该在适用的前提下,选择尽可能先进的技术。

"适用先进技术"的选择受制于许多因素。既有不同的"先"(世界性的先进,一国性的先进,两者中的"最高级""比较级"和"原级"),又有纷繁的"适用因素"。于是人们发现自己不得不面对一个运筹学的问题:必须在受众多变量影响的若干可能方案中,选择一种能使运行处于最佳状态并提供最佳效益的方案。这样看来,"适用先进技术"本质上不是一个一成不变、四海雷同的形而上学的概念,而是一个充满辩证法和控制论思想的概念。在这个意义上,可以认为,适用技术或适用先进技术就是"最佳技术"。

根据以上分析,可以给"适用先进技术"下这样一个简单扼要的定义:所谓"适用先进技术",就是在一定社会经济条件下,为了达到一定的目的而可能采取的多种先进技术中经济效果最好的那种技术。

因此,我国的技术政策应做这样的完整表述:我国的技术选择一般地应以先进技术为主,在关键性的某些部门、某些产品、某些技术领域还应该有重点地采用尖端技术,在原有技术基础过于薄弱的部门和地方,可以适当装备中等技术,在全国范围内必须尽可能缩小初级技术的比重,力争在把一切现存原始技术转移到初级技术或更高水平的技术基础上去。

我国还必须新建适当数量的各类企业,以便使整个国民经济结构合理化。为了使我国的技术进步有一个牢靠的物质基础,必须优先和大力发展那些对技术进步起着主导作用和关键作用的产业部门或生产行业,例如电子工业(或更广泛地说信息工业)、化学工业、新型材料工业、有色金属工业、精密机械工业、仪器仪表工业、"文化工业"(指服务于提高文化的产品生产)、饲料工业以及生物制品和生物技术的供应和服务部门等"新兴产业"。此外,在提高常规能源工业(如煤炭工业、电力工业、石油工业)生产技术的同时,要着手发展新能源工业(如开发核动力、风能、沼气、地热的工业等)。对这些新老企业应该采取什么样的技术措施,才能使我国的技术结构朝着理想的方向发展呢?应该通过选择适用技术(主要是先进技术)的办法,对现有企业实行技术改造;选择适用的先进技术甚至尖端技术装备新建企业,在不同部门、不同行业、不同地区之间有计划和有步骤地组织技术转移。这是实现我国技术结构合理化,把整个国民经济逐步转移到新的技术基础上,振兴我国经济的重要战略措施。

根据我国的具体情况，按照制约技术适用性的几个基本因素的要求，在改造现有企业和装备新建企业时，在提高社会经济效益的总前提下，选择技术应该遵循下列原则：

第一，无论哪种企业，都应选择节能型技术，尽量避免能源密集型技术。我国是能源生产和能源消费大国，目前单位能源所创造的国民收入远远低于许多国家，原因是工艺和装备都比较落后。如果将耗能高的技术设备和工艺流程都采用节能型技术加以改造，在新建企业时，更应把节能指标摆在技术方案的显要位置上。无论新老企业都要积极研究和推广节能新技术。在考虑产业结构、产品结构和企业规模结构时，也应该尽可能不选择那种能源密集的类型，例如电冶工业、电化工业和"五小工业"。在非建不可时，也应在若干可能的方案中选择相对节能的方案，绝对不准搞工艺十分落后、能耗过高的项目。

第二，无论哪种企业，都应选择资源材料节约型技术，尽量避免资源材料高耗型技术。这一点，对于发挥一个国家的经济优势，避开劣势，争取最佳经济效益，是至关紧要的。我国自然资源人均量不高，材料严重短缺，必须把节约资源和材料当成选择技术的重要标准。事实上，从提高设备的性能和精度，革新工艺，运用系统工程原理和现代数学方法等方面着手，是能够实现大量节约的。

第三，在保证技术进步和劳动生产率提高的前提下，在花费同样资金的条件下，应该尽可能选择劳动密集型技术。我国人力资源丰富，劳动密集型技术是更能发挥人力优势的。劳动密集与人浮于事是两个概念，把重视劳动密集理解为主张牺牲劳动生产率以安排就业，是不对的。重视劳动密集同提高劳动生产率是相容的、一致的。应在保证不断提高技术水平从而不断提高劳动生产率的条件下去安排就业。只有这样，才能增加社会剩余产品，扩大生产规模，真正广开就业门路。如果忽视技术进步，忽略劳动生产率的提高，安排就业的路子可能会愈走愈窄。当然，对于一些客观上要求资金密集的部门和行业，如冶金工业、电力工业、煤炭工业、石油工业等，则可以审慎地采用必要的资金密集技术。但是，即使是在这些部门和行业内部，在可以接受的若干个技术方案中，也有资金密集程度较高和较低以及劳动密集程度较低和较高的差别。在其他条件不变时，应该尽可能选择资金密集程度较低而劳动密集程度较高的技术。

劳动密集与资金密集，其实只是对象中所包含的劳动状态有差别。前者是凝结的活劳动所占比重大，后者是转移的物化劳动所占比重大。而任何生产、任何技术，都离不开物化劳动和活劳动，所以这两种类型的技术是可以互相转化的，是能够有机地结合起来的。

劳动密集型技术，内部又有差别。由于活劳动可以分解为简单体力劳动和复杂脑力劳动两部分，所以劳动密集又可分解为一般劳动密集和高度劳动密集两种。人们为了突出脑力劳动密集的特点，给后者另外取了一个名字，叫作"知识密集"。相对于资金密集而言，知识密集仍然是劳动密集，但它是劳动密集的一个特殊部分（脑力劳动密集）。从许多国家技术发展的历史来看，似乎存在着这样的规律性，即技术的发展，从而使产业的发展总是从一般劳动密集型到资金密集型再到知识密集型逐步发展、逐步过渡，由低级向高级螺旋式上升的。因此，切不可把三者截然隔离开来，而应该看到它们之间的联系，把三者有机地结合起来，在一个时期内使三者所占比重相对稳定，同时又创造条件，经过较长时期之后，使较低级的类型向较高级的类型过渡。

第四，所有技术都应力争成为"无废技术"或"低废技术"，并尽可能实现"废物资源化"，以避免和减少对环境的污染和对生态平衡的破坏，提高综合利用原材料的效益。

我国的技术结构从总体上看是一个二元结构（相对先进的工业与极其落后的农业、农业中相对先进的种植业与极其落后的畜牧业）或三元结构（发达的东部、较发达的中部、不发达的西部），是一个多层次结构（自动机械化、手工工具以及介于两者之间的各层技术）。这种多元多重技术结构状况，就构成了在国内组织技术转移的足够的依据。相对先进的部门、行业、地区和企业的技术，在一般情况下可以成为相对落后的部门、行业、地区和企业应该选择的适用技术。因为前者的技术对于后者不但具有技术上的先进性，而且具有经济上的合理性（不需外汇、所花资金少、见效快）和生产上的可行性（适合接受者的技术水平和管理水平）。事实上我国已经开始了全国范围的技术转移。例如，发达地区同不发达地区通过合作生产、技术转让、补偿贸易等形式进行的技术协作，人们称之为"东西部对话"。不过还应该扩大一些，要有步骤更大规模地组织"三部对话""两业交流"以及军工技术向民用技术的转移等。总之，凡是技术上有优势的部门、行业、地区和企业，都应该成为较落后的部门、行业、地区和企业的技术源泉。这是在我国实现技术结构合理化的一条既经济实惠又切实可行的捷径。

我国技术结构向现代化迈进和实现合理化，还必须以合理的投资分配政策和投资使用方向以及正确的对外经济技术交流政策作为基本的保证。我国的技术结构之所以形成今天这个不合理的落后的局面，是同多年来投资分配、投资使用上的不合理以及技术引进工作中的偏差分不开的。过去的基本建设投资用于发展直接物质生产的多，用于发展科学技术的少，用于新建、扩建企业的多，用于改造已有企业的少，用于引进成套设备（硬件）的多，用于引进制造技术（软件）的少。适应于技术进步的新路子，我国的投资分配政策、投资使用方向和对外经济技术交流政策也必须做出相应的调整。

第四节　我国技术结构分阶段改善对策

经过多年的奋斗，我国的各种技术手段在总体中的比重将发生巨大的变化，相互之间的联系将大为改善，整个国民经济技术结构的总体水平将大幅度提高。我国工业将实现全盘机械化和开始半自动化（自动机和自动线大量增加，但自动化工厂仍然是少量的，更不是已经建成自动化技术体系，即使对于21世纪来说，我国也没有必要追求那种省人力的全盘自动化），整个工业部门以中等技术为主将变为以先进技术为主，尖端技术会明显增加，初级技术比重将大幅度下降，原始技术基本上淘汰干净，全部工业（特别是材料工业）的化学化程度有显著增长，"三废"（液、气、渣）将受到严格控制或被综合利用。

我国以经验为基础的传统农业将开始向以科学为基础的现代农业过渡，将实现半机械化，笨重的体力劳动将基本上被机器代替，需要较多技巧、经验和科学知识但不需要巨大体力的劳动方式将保留下来，良种化基本实现。其他的生物工艺（提高植物光合作用效率技术、水肥管理技术、虫害防治技术、温室农业技术、复种技术、少耕或免耕技术、控制衰老和成熟过程的生物调节技术、新作物培育技术、生物加工技术等）也将占较大比重，化肥和农药的施用量会增长，但更显著的是其质量的改善（如采用复合化肥、高效低毒低残留农药等），现存的手工工具原始技术绝大部分将被初级技术和中等技术所取代，先进技术会有显著的增加。从机械化、电气化、化学化等方面比，我国同经济发达国家的差距目前很大，20世纪末也没有缩得很小，很难估计这方面的差距缩短了多少年，因为这是两种不同类型的农业。经济发达国家走的是高度自动化、机械化、电气化的"能源农业"（或曰"石油农业""无机农业"）的路子，我国虽然不能不要机械化、电气化、化学化，但更重要的是发扬我国传统农业的优点，走有机农业与无机农业相结合、机械技术与生物技术相结合，建立集约农业和生态农业的新路子。因此到20世纪末，我国农业的园林化和生物工程化等同有机农业、生物技术相联系的指标，有了更大的提高。经过从机械技术和生物技术这两个方向上的持续努力，估计在21世纪初叶，我国农业的机械技术水平将会逐步接近发达国家，而在生物技术水平方面可能赶上甚至超过它们，从而使我国农业从传统经验成规的基础上逐步转移到现代化科学技术的基础上去。

  21世纪是生物技术的世纪，我国技术开拓的重点是农业，农业技术开拓的关键是生物技术。此外在20世纪突破电子技术、普通能源技术等重大技术的基础上，可否设想到21世纪把航天技术、宇宙空间利用技术、遥测遥感技术、激光技术和新能源技术等有长远价值的技术的基础研究和应用研究摆到重要议程上来。与此相适应，在人才培养上也必须采取有效的措施，在提高全民族的科学技术和一般文化水平的同时，造就一支符合技术进步需要的科学、技术和管理几方面的专业人才队伍；在科学研究上，要针对着近期和远期的需要，对基础研究、应用研究和发展研究统筹安排。

第五章　经济发展就业结构对策

第一节　就业结构的层次基础

要建立一个科学的、可行的劳动就业结构，最关键的问题是如何正确处理就业率与经济效益的关系，并依据人口和经济发展的具体情况，及时把握好二者之间在不同时点上的重点转换。一国总人口就业率的高低，既受经济发展水平、经济结构和技术结构等因素的制约，又在很大程度上受整个人口群年龄结构的影响；一国经济机体运行的经济效益在劳动就业结构的领域内，既要受就业人口的科学文化素质和技术水平的制约，又要受劳动者与生产资料在国民经济各部门的组合（即就业人口的职业结构）的牵制。可见，要实现劳动就业结构的合理化，要确定一个科学的劳动就业结构，就必须从人口再生产和经济发展的实际情况出发，在以下相互衔接的三个层次上进行考察。

第一个层次是全部就业人口占总人口的比例，即全部人口的就业率能够与人口年龄结构的变化相互适应，协调发展。这个层次对以下两个层次具有决定性作用，它是劳动就业结构体系中的主体结构。

就业人口是创造物质财富和精神财富的承担者，他们是总人口中最积极、最重要的部分，其发展变化对物质再生产起着决定性作用。就业人口占总人口的比例，大体上反映出一个国家劳动力资源的利用程度。因此，分析和研究就业人口，弄清总人口就业率发展变化的一般趋势，对于合理确定劳动就业结构，有着重要意义。

一国就业人口的多少，总人口就业率的高低，主要取决于两个因素：人口的年龄结构和经济发展水平。人口总数相等的两个国家和地区，如果经济发展水平大体相同，那么人口增长速度慢、劳动适龄人口比重高的国家和地区，总人口的就业率一般较高；反之，总人口的就业率往往较低。如果人口年龄结构相同，那么劳动力培训、教育期较长，人口的科学文化素质和劳动生产率较高的国家和地区，总人口的就业率一般偏低，反之就高。这就是总人口的就业率同人口和经济的一般联系，但是在现实生活中这种联系还要复杂得多。

一个国家就业人口规模有多大，总人口的就业率维持在什么样的水准，大体上是有一定的数量界限的，它是受现有人口再生产类型和经济发展水平所制约的。就一般而论，在经济上比较落后、人口的年龄结构尚属年轻型的发展中国家，总人口的就业率维持在35%左右为宜。纵观近代经济发展史，无论哪个国家在这个问题上都从不敢轻视，决策上的丝毫失误都会影响劳动就业结构体系的全局，从而严重阻碍社会经济的发展。

劳动就业结构体系中第二个层次的考察。第二个层次是在第一个层次存在的条件下，全部就业人口与劳动适龄人口的比例，即劳动适龄人口的就业率，能够与现代化大生产对劳动力再生产的需求规律（由数量到质量、由劳动力的自然再生产到通过现代教育而实现的劳动力再生产）相适应。这个层次在劳动就业结构体系中占有极其重要的地位，它是衡量就业人口能否以较高的劳动生产率促进国民经济发展的重要标志。

一个国家就业人口与劳动适龄人口的比例，即劳动适龄人口的就业率，与其说是取决于人口再生产类型，不如说主要取决于该国的经济发展水平和教育事业的发达程度。制约总人口就业率和劳动适龄人口就业率的因素是有很大差别的，这可以从经济发达国家和发展中国家的实际情况中得到充分说明。

与经济发达国家的情况不同，由于发展中国家的教育事业比较落后，各级高校的入学率普遍较低，这就使得大量青少年人口过早就业，从而大大提高了劳动适龄人口的就业率。

对于发展中国家来说，要在国民经济发展的基础上，采取多种形式和各种途径，大力进行人口的智力开发，逐步降低劳动适龄人口的就业率，实现劳动力再生产现代化。这样做有助于加速经济的有效运转，有利于体现就业率与经济效益原则的最优结合。

劳动就业结构体系中的第三个层次是就业人口的职业结构能够体现就业率（全部人口就业率、劳动适龄人口就业率）与经济效益之间最优结合的原则。这个原则既要有利于经济结构的合理化，又要方便人民的生活，从而以较高的经济效益并能促进社会经济的发展，迅速提高人民的生活水平。这个层次（职业结构）不仅是前两个层次（全部人口的就业率、劳动适龄人口的就业率）的展开和具体化，而且也是社会主义经济效益原则的体现，因为提高社会主义经济效益的一个基本原则是生产诸要素的最优组合，而劳动者与生产资料的优化组合，就是其中最主要的组合关系，其他要素的组合最终也要落实到这个组合关系上。

综观一切经济发达国家，随着生产力的发展和经济结构的变化，就业人口的职业结构也相应发生了重大变化。从历史上看，在职业结构的变化中，总是有一组或一个职业为先导走在前面，从而对整个职业结构发生重要影响。这一变化总趋势是：

第一，农业人口向非农业人口转移，特别是向工业人口的转移，是第一组带头职业，历时百余年。在这一转移过程中，农业部门的就业人数及其所占比重减少，非农业部门就业人数及其所占比重显著提高。现在需要指出的是，就发展中国家而言，所谓农业劳动力的转移问题，关键是处理好农业现代化的技术结构与工业现代化对农业劳动力吸收能力的相互关系问题。例如，日本在农业现代化过程中，针对本国人多地少的特点，选择了一个以中小农业机械为主的技术结构，这是日本的农业劳动力在总就业人口中的比重，明显高于主要资本主义国家的重要因素。这也使农业劳动力转移的规模和速度，大体上与第二、第三次产业的吸收能力相适应：既保证了第二、第三产业对农业劳动力的追加需要又没有产生严重的农业人口过剩问题。因此，一个适合本国国情的农业现代化技术结构，是促进农业迅速发展、避免农业劳动力转移而带来种种社会问题的首要一环。

第二，自20世纪70年代开始，世界主要资本主义国家物质生产领域的就业人数，先后呈现绝对减少的趋势，开始了资本主义经济史上的第二次劳动力大转移。以日本来看，在大转移的初期，由于各产业部门技术高度集约化、生产的社会化和专业化，第一、第二产业的流向主要是直接为生产服务的第三产业部门；在大转移的后期，随着消费结构的变化，大转移的归宿主要是为消费服务的第三产业部门。

第三，与第二次劳动力大转移同时，在物质生产部门中，非直接生产人员（主要是经济管理和科研人员）相对增加，直接生产者相对下降。就业人员的职业结构这种变化趋势，是科学技术进步的必然结果，它必将对人类社会经济的发展产生革命性影响。从长远来看，一切发展中国家职业结构的变化，也不会背离经济发达国家已经发生变化的趋势。

以上分别考察了总人口就业率、劳动适龄人口就业率、就业人口的职业结构问题。实质上，这三个问题是从递进性角度表述就业结构体系中固有联系的三个层次。三者相互联系，相互制约，在任何一个层次上决策的失误，都会影响就业结构体系的有效运转。可见，一个合理的总人口就业率、劳动适龄人口就业率和就业人口的职业结构，实际上是经济效益原则在就业结构体系中不同层次上的表现形式。然而，从一定意义上可以把第一层次看作就业结构体系中的基础性层次。如果一个国家总人口就业率很高并与人口年龄结构很不相适应，那么，不仅难以确定一个合理的劳动适龄人口的就业率，而且，即使在经济结构合理的情况下，也难以实现就业人口职业结构的合理化。因此，确定一个合理的总人口就业率，对劳动就业结构的合理化是非常重要的。

第二节　职业结构的演变及其未来的发展

一、我国职业结构的演变

就业人口的职业结构，是劳动就业结构体系中的一个重要组成部分。与人口过程和经济发展相适应的合理就业率（总人口就业率、劳动适龄人口就业率）确定以后，在劳动就业结构中的一个重大决策就是职业结构合理化。所谓合理化的职业结构，就是要在宏观上和微观上合理分配劳动力资源，实现与经济资源的最优结合。

近年来，经济理论工作者在研究我国的劳动就业结构时，不只限于就业人口的职业结构问题，而且在考察后者时，往往又局限在产业部门（农、工、建、交通、服务等）的划分上来研究这个问题。其实，就业人口的职业结构，可以从不同的角度来研究。它不仅可以从产业部门的划分上来研究，也可以从所有制结构上来研究，还可以从就业部门的性质——直接生产部门与非直接生产部门来考察。

严格来说，在科学技术日新月异，并在现代化大生产中日益起着重大作用的情况下，直接物质生产部门与非直接物质生产部门并没有绝对分明的界限。即使有一个大致的界限，各个国家的划分标准也不完全相同。就我国来看，在国民经济各部门中，一般把商业、饮食业、服务业、城市公用事业、科教文卫、金融和国家机关等列为非直接物质生产部门，其余为直接物质生产部门。20世纪以来，在经济发达国家中，大量劳动和资本不断流入非直接物质生产领域（主要是第三产业），就业人口的职业结构发生了重大变化。

中华人民共和国成立以来，随着我国国民经济的发展和经济结构的变化，直接生产领域与非直接生产领域的就业构成也发生了很大变化，绝对量都有了显著增加。但是从二者比例的变化来看，后者就业人数所占比例不是日益增长的趋势，而是曲折多、起伏大，与经济发达国家相比，在相当长的时期内朝着相反的方向发展。

宏观上职业结构的不合理状况，必然要在微观上反映出来。工业企业内部的职工构成，实际上是社会上生产性与非生产性构成的缩影。在经济发达国家，随着科学技术的进步和劳动生产率的提高，在一个现代化企业内部，直接在物质生产第一线的工人所占比重日益缩小，工程技术人员和管理人员所占比重大幅度上升，这是企业管理科学化、现代化的一个重要标志，是一个合乎规律的发展过程。

在产品量相同的情况下，同非生产人口相比，一个国家的生产人口愈少，国家就愈富。因为生产人口相对少，不过是劳动生产率相对提高的另一种现象。多年来我国生产人口过分膨胀、非生产人口相对缩小的情况，固然有历史的原因，但仍可以说是劳动生产率停滞或下降的一种表现。这种表现犹如使经济机体吞服了大量的"镇静剂"，长期处于缺乏活力的状态，甚至出现了一些反常现象：一方面，物质生产部门的劳动生产率出现停滞或下降的趋势；另一方面，国民收入和人均国民收入却在缓慢增长。

二、我国未来就业的发展

我国劳动适龄人口就业率过高且呈现日益上升的趋势，除总人口就业率过高这个最直接原因外，还有就业指导思想和经济发展方面的因素。

第一，就业指导思想上的根源。长期以来，在劳动就业问题上有两种错误就业观有着十分重要的影响；一种是"自然就业观"，一种是"统包统配就业观"。这两种就业观虽属于两个极端，但在我国国民经济发展的不同时期，往往又可以相互转化，使我国的劳动就业工作陷入极为被动局面。

"自然就业观"是自然经济中的一种对待和处理就业问题的观点。它以既定的生产资料来吸收数量相差悬殊的劳动力。因此，对劳动力需求弹性大，不顾及经济效益原则，这是自然经济就业中的基本特征。中华人民共和国成立以来，人们在就业决策中不同的程度受到了这种就业观的左右。

第二，教育事业不发达，青少年过早就业，不仅是我国总人口就业率过高的原因，也是劳动适龄人口就业率过高的重要原因之一。

第三，我国劳动适龄人口就业率过高，其中的一个重要原因是就业妇女的比重（占总就业人口）过大。

从世界各国来看，妇女走出家庭，从事经济活动，是现代化大生产的产物，是伴随着服务业的迅速发展，从而实现家务劳动社会化的必然结果。中华人民共和国成立以后，由于社会制度的根本性变革，广大妇女在政治上获得了解放，因而为她们走出家门提供了前提条件。但是，妇女就业规模的大小及其增长速度的快慢，必须与生产力的发展水平、劳务社会化的程度相适应。

我国劳动力供给大于劳动力需求的局面在相当长的时间内不会改变，并成为我国社会稳定和经济发展的一个重要制约因素。就业压力不会随着经济的快速发展而迅速减轻或消失。促进就业再就业是我国政府的长期重要任务，应对就业再就业税收政策的执行期限作出统一规定并适当延长,在与就业形势对应的较长时期内实行税收优惠促进就业。

为实现这项战略任务,就必须大力发展劳动适龄人口就业前的普通教育、专业教育和就业人口的在职培训教育,这是提高劳动力质量、开发智力资源、大幅度提高就业人口劳动生产率的必由之路。就业前的教育是属于劳动后备力量的教育,是现代科学知识物化在劳动力上的重要途径;在职培训教育是属于就业后的职业技术教育,它是防止专业技术知识陈旧老化、掌握新兴的科学技术和工艺必不可少的有效手段。诚然,劳动适龄人口就业前、就业后培训教育的普及和提高,在一定程度上会降低劳动适龄人口的就业率,但是这种降低是必要的、合理的。正像经济发达国家所经历过的那样,是科学技术进步和劳动力再生产现代化的根本标志。

第三节　职业结构的趋势和对策意见

我国就业人口变化的速度和规模、就业结构变化的幅度总是受人口再生产和国民经济发展的实际情况所制约的,多年来,由于我国人口的迅速增长和经济建设中的失误,就业问题已成为紧迫的、突出的社会问题。

城乡二元劳动力市场的格局阻挠着农民跨区域流动。在传统二元经济体制下,大量的农村剩余劳动力以隐性失业的形式散布在农村,根深蒂固的城乡不平等仍阻挠着农民跨区域流动。随着城市隐性失业的显性化,政府就靠阻止农民工就业来转嫁矛盾,更有些部门借有序流动之口额外收费创收,这种限制劳动力供给的做法在全国普遍存在。

为了打破目前的僵局,减缓面临的就业压力,从而加速整个国民经济的有效运转,提出下面一些初步想法:

第一,继续调整国民经济结构,使其适应扩大就业和职业变化趋势的需要。一个有利于社会再生产协调发展的国民经济部门结构,是扩大就业及其结构合理化的物质基础。多年来,由于片面发展重工业,造成部门结构畸形发展,不仅使就业结构很不合理,而且也难以容纳更多的就业人口。这就要求我们在安排基本建设时,在物质生产部门一定要按照农轻重的顺序;在物质生产部门与非物质生产部门之间要充分体现生产和生活并重的原则,并在上述非物质生产部门占用劳动力"上限"许可的范围内,发展各种基础性设施,特别是各种服务性行业,以适应国民经济的发展和提高人民生活水平的需要。

在调整经济结构中,特别要注意调整我国的农业结构。应该看到,把我国农业的单一性粮食生产结构逐步调整为一个农、林、牧、副、渔全面发展的农业经济结构,是解决农业劳动力过剩的一项根本性措施。

第二,依据我国的技术结构必将是多层次、多样化的特点,除在关键的、主导的产业部门采用资金技术构成高和加速提高劳动生产率的战略外,不盲目追求节省人力的技术进步,同时大力发展传统的和新兴的劳动密集型行业。如前所述,我国物质生产部门占用的劳动力,在一定时期内不可能显著减少、在近期内,为了安排就业,还会有所增加。这就要大力发展那些占用资金和技术装备少,耗费活劳动较多的劳动密集型行业。这里需要注意的是，对于原有企业不能为了安排就业而使劳动生产率有所下降。这是在我国现有条件下既能提高劳动生产率又能扩大就业，既能体现经济效益原则又能兼顾较高就业率的必要措施。

第三，广开就业渠道，大力发展集体所有制经济，适当发展个体经济。在社会主义的初期阶段，生产力水平还不高，商品经济还不发达，劳动生产率还比较低，存在着不同层次不同水平的生产力。与这种状况相适应，还要求存在多种经济成分的生产资料所有制结构。国家和集体所有制是社会主义的经济基础，个体经济是公有制的必要补充。从目前我国城镇人口就业和农村剩余劳动力的实际情况出发，在当前和今后相当长的一段时间里，集体经济和个体经济是安置城乡剩余劳动力的主要途径。发展多种经济形式的生产，是扩大就业，减缓就业压力的有效措施。

第四，调整教育结构，采取多种形式发展教育事业，为职业结构的调整、变换和缓解就业压力创造有利条件。长期以来，我国的教育结构存在着两个问题：其一，是普通中学中等技术教育失调，前者过分膨胀，后者绝对、相对萎缩。二者的失调不仅和国民经济发展不相适应，也和劳动就业制度严重脱节。比如，一方面社会上有大量的中学毕业生待业，另一方面国民经济建设所需要的技术人才却又严重不足；一方面在农村和城市大量发展普通高中，另一方面工矿企业的大量青年工人的技术水平与现代化生产的要求不相适应，又需要进行文化技术知识的补课；等等。上述不合理现象，一定要逐步改变。在今后调整经济结构的同时，必须调整教育结构，积极发展各种类型的中等专业学校、职校、职业技工学校，减轻就业压力，提高劳动者的技术水平。其二，中等、高等教育的专业划分过细，与现代化生产对职业结构的调整、交换和扩大就业的需要不相适应。中华人民共和国成立以来，我国的中等、高等专业教育和职工函授大学，是按苏联模式设置的，文理、理工分家，专业划分过细。这种结构基本上还处于19世纪那种专才教育阶段。培养出来的专才，不但不适应现代科学综合化发展趋势的需要，而且走上工作岗位也难以"对号入座"用其所学。当然，这种浪费人才的现象主要是分配工作不当造成的，但系科结构偏窄和划分过细，也是一个重要原因。应该看到，随着科学技术的进步和非物质生产部门就业人数的增加，上述现象会越来越普遍，从而矛盾也会更加尖锐。

因此，为适应当代科学发展趋势的需要，要对现有的中等、高等专业院校进行必要的系科结构调整，并在广泛开展在职专业培训的同时加强综合技术教育，以便为职业结构的调整、变换和扩大就业创造有利条件。

第六章　企业经济管理发展创新

第一节　企业经济管理发展与创新

企业经济管理是企业发展的核心，在新的历史背景下，只有将创新作为经济管理的重要目标，才能确保企业的长期可持续发展。随着我国经济的快速发展和国际化交流的日益频繁，现代企业制度已逐步得到了企业的认可，但如何实现先进的经济管理理论与企业自身实际状况相协调还有许多工作要做。这些先进的经济管理理论真正能够落实到企业管理实际当中需要企业不断进行创新和改革，只有这样，才能使企业经济管理工作跃上新的台阶。而经济管理工作质量的提高，对提高企业实力和竞争力，使企业在激烈的市场竞争中脱颖而出具有十分重要的作用。

在市场经济体制下，尤其随着我国社会主义市场经济体制的日益完善，企业依照创新特别是制度创新来赢得更大市场份额、获取更大市场竞争力的要求越来越迫切。经济管理主要是指企业依托自己的长远规划和战略目标，采用系统理论发现企业管理中的不足，并提出有针对性的解决措施，以期能够提高企业的核心竞争力，增加企业的经营利润，并获得可持续发展能力。

一、当前企业发展的环境概况

知识经济已经成了当前企业发展环境的典型特点。在知识经济时代，各种信息化手段的运用是不可或缺的，唯有紧紧抓住信息化变革的脉搏，重视各种先进信息技术的运用，尤其是现代化决策系统的构建，才能够在实质意义上变革企业的作业流程、精简企业的管理层次，实现信息传递、消息反馈和管理效率的三重提升。收集整理是适应知识经济时代的关键因素，企业变革经济管理制度必须高度重视企业管理人员思维模式、管理理念的现代化和时代化，及时主动更新自身的知识结构，为企业的经济管理创新提供必要的智力支持。

（一）企业进行经济管理创新的必要性

1. 经济管理创新是新形势下更新企业管理理念的必然要求

不可否认的是，虽然我国企业在适应市场经济体制、参与国际市场竞争方面的进步巨大，但是相对于有着几百年市场经营经验的国外企业而言，还有许多地方需要学习和变革。缺乏先进的管理理念是我国企业普遍存在的问题。不少企业已经充分认识到了企业革新经济管理的重要性，但是由于各方面的原因，只有少数企业取得了良好的实际表现。拖后腿的管理理念使不少企业只能够进行表面的经济管理革新，没有获得本质性的转变。其突出表现就是，企业采用旧的管理理念指导企业一切运营和制度革新，导致企业无法完全适应市场经济体制的各种运行规则，最终阻碍企业的长远发展。

2.经济全球化是新形势下更新企业管理理念的外在动力

世界经济的联系日益密切已经成了不争的事实，其他国家的经济波动便会直接反映在国际市场当中，并有可能对本国的经济发展产生不利影响。面对日益激烈的国际市场竞争环境，我国企业单纯依赖低成本优势占领国际市场的美好时光正在渐渐远去。通过实现企业经济管理的创新，提高产品质量、突出企业特色、增强企业创新能力，已经成了企业实现可持续发展的必要条件。通过对最近几年国外企业发展战略调整的观察，可以清晰地看出，国外企业都在不约而同地进行自我变革，努力突出自己的特色优势，这应该能够给我国的企业发展提供充分的启示。

（二）在新的历史形势下企业进行经济管理创新的途径和方法

1.以先进理念作为指导思想

探索新的历史形势下企业进行经济管理创新的途径和方法，必须要有先进的理念作为指导。只有在先进理念的指导下才能够确保经济管理制度创新方向和原则的正确性，才能够保证企业的创新规划符合企业的根本发展战略，才能够保证企业制定出科学的、合理的管理策略和执行方法。具体而言，在企业进行经济管理创新中贯彻先进理念，必须要做好以下两点：

第一，坚持上下结合的理念贯彻路径。企业的管理层和领导人需要自觉地掌握先进理念，作为企业发展的领头人，他们的经营理念是否先进将会直接决定企业的发展状况；同时，企业职工作为企业数量最多的集体，他们是执行先进理念的一线人员，他们的理念是否先进将会直接影响企业各种管理制度、经营方针的执行效果。因此，贯彻和落实先进理念需要企业高层和企业基层共同努力，让企业的全体人员均能够以先进的理念创新经济管理，并高效执行各种相关政策。

第二，要勇于破除旧理念。破除旧理念需要极大的勇气和卓越的见识。企业领导层在逐步纠正旧理念的过程中，需要循序渐进，严禁急功近利；坚持步步为营，让企业组织在彻底消化一部分新理念的基础上来逐步推动新理念的完全落实，避免因为行动的过激和过急导致企业无所适从。

2.实现经济制度的完善与创新

制度的完善与创新能够让经济管理的改革持久发挥作用，这是在探索企业经济管理创新过程中总结出的重要经验。企业经济管理的创新成果需要通过制度的建立来进行巩固。完善和创新相关制度，企业必须要学会通过建立约束性条款的方式来让企业自身和全体员工依照相关规定自觉运行，并密切企业和全体人员之间的联系。为了激发企业潜在的创新能力，需要构建起全面、有效的激励体系，让员工的各种有益创新行为能够得到奖励，形成示范效益，进而增强整个企业的创新氛围和创新活力。另外，与制度创新相匹配的组织建设和组织创新也应该同步进行，让组织成为制度得以落实的有力载体，推动企业的全面可持续发展。

3. 强化企业的内部控制管理

第一，加强对企业各部门的调控。企业的内部控制是经济管理中重要的组成部分，一些以财务为依靠的企业不能适应市场经济发展的要求，所以，相应地需要对财务部门做出改变，使财务管理向着全面化的发展趋势发展下去。

第二，完善企业监督体系。随着市场经济的发展，完善一定的财务内部监控工作对竞争激烈的市场经济体制有着不可估量的作用，实行内控机制，提高财务等各部门的认真、负责的态度，避免各种不合规章制度的行为发生。

4. 提高企业的信息化技术实力

信息化技术是实现经济全球化和经济一体化的基本保证，是当代社会化生产高速发展的首要条件之一。加快技术的革新，帮助企业转换经营机制以及推行现代企业制度，可以极大增强企业产品的市场竞争力。当前企业信息化实现的标志之一就是对信息的快速反应能力，其是企业检验整个企业用工率和其产业链在市场上竞争力的重要浮标。实现企业信息化既是社会改革的需求，也是企业适应市场发展的需要。当前我国企业随着信息化技术的不断发展，企业内部的改革不断深入，绝大部分企业管理方式正在向创新管理方面迈进。为在未来更加激烈的市场站稳脚步，企业变革管理方式，加强管理信息化创新方面的建设是未来必然的选择和出路。

在新的历史形势下，企业的经济管理制度必须与时俱进，不断适应变化的客观环境，满足企业新环境下的发展需求。因此，要创新企业经济管理制度，必须高度契合企业的发展宗旨，有清晰明确的经营目标和管理措施，能够保证获取完成企业发展目标的各种必需资源。

二、企业经济管理创新存在的主要问题

对一个企业而言，创新能够使其适应内外部环境的变换，打破系统原有的平衡，创造企业新的目标、结构，实现新的平衡状态。没有创新就没有发展，特别是在当前市场波动剧烈，企业生存压力大的背景下，只有企业经济管理的创新，才能将企业计划、组织、领导、控制等职能推进到一个新的层次，适应环境的变换，赢得竞争的优势。

（一）一些企业经济管理创新重形式轻落实

创新的重要作用已经得到了企业上下的普通认可，但在如何落实方面，许多企业还存在着重形式轻落实的问题。

一是管理层缺乏对经济管理创新的认识。当前企业管理者往往将更多的精力投入到企业设备升级、人力资源培养等方面，但对经济管理创新缺乏全面的认识，使创新的力度不够，效果不佳。

二是工作人员缺乏对经济管理创新的动力。经济管理人员往往依照企业传统的管理模式和经验，对经济管理创新缺乏必要的认识，在工作中照挡照搬以往的方式，创新力度不足。

三是企业上下缺乏经济管理创新的氛围。企业整体创新氛围不浓，特别是一些中小企业，多为家族式、合伙式模式，没有在企业中将创新作为企业发展的最核心动力并加以落实。

（二）一些企业经济管理创新缺乏人才支撑

人才是企业经济管理实施的关键，但在实际工作中发现，企业经济管理工作人员存在的不少问题影响了创新的形成。

一是观念不正确。许多人员将创新作为企业管理层的行为，而对自身的作用没有充分的认识，往往是被动式地工作，而对能否更好地提高工作质量没有足够认识。

二是动力不足。企业对员工创新的鼓励措施不到位，没有充分调动员工的积极性，影响其作用的发挥。

三是监管不得力。企业内部管理不规范，对经济管理行为没有给予科学的评估标准，干好干坏的差距不明显，造成了企业管理的效益低下。

（三）一些企业经济管理创新缺乏必要保障

企业经济管理活动是一个涉及企业方方面面的系统工程，其创新的实现需要一定的条件作为保证。但在实际的工作中，许多企业由于缺乏必要的保障，导致创新难以实现。

一是经济管理组织不合理，一些很好的创新方法难以得到有效的落实，而组织结构的不合理也造成企业经济管理效率不高。

二是经济管理评价不科学。企业对经济管理工作的评估体系不科学，也使得相关人员工作标准不明，影响了工作的质量和效果。

三是缺乏必要的奖励机制。许多企业对经济管理创新没有足够的奖励，一些企业只能照抄照搬其他企业的经验，而不能针对自身的特点采取必要的措施，加以改进，造成了经济管理的效益低下。而对一些有着一定价值的创新模式没有加以落实，对相关人员给予的奖励不足，也造成了员工对企业经济管理的兴趣不足，影响了经济管理的开展。

三、企业经济管理创新应把握的重点环节

企业经济管理作为企业的一项核心工作，其创新的价值对企业发展具有重要作用，因

此要抓住重要的环节，以点带面促进企业经济管理质量的跃升。

（一）经济管理的观念创新是基础

经济管理必须要紧密结合市场的发展变化和企业现实的特点，而不能一味地沿袭传统的模式，因此首先要在观念上树立与时俱进的意识。

一是管理层要树立创新是核心的意识。要求企业管理层将创新作为企业管理的重点，将创新作为考评员工工作质量的重要依据，为其提供良好的外部环境。

二是工作人员要树立创新是职责的意识。要培养其创新的内在动力，使其随时以改进管理模式、创新工作方法作为工作的重要职责，加以贯彻落实。

三是员工要树立创新是义务的意识。要积极鼓励普通员工加入企业经济管理创新的活动中，集思广益，实现企业经济管理质量的提升。

（二）经济管理的技术创新是保障

要发挥当前科技进步的优势，将计算机、网络、自动化平台等先进的设备加入经济管理活动中。

一是建立完善的管理数据库。企业经济管理涉及企业的方方面面，因此建立完善的数据库能够有效地提高管理的质量和效益，为管理人员提供精确的数据，促进管理质量。

二是建立亲民的管理平台。要建立科学的互动平台，能够让员工有通畅的渠道反映问题，提出建议，为经济管理工作的改进提供支持，如建立企业论坛、聊天群等模式。

（三）经济管理的组织创新是关键

组织模式代表了一种对资源的配置方式，包括对人、财、物资源及其结构的稳定性安排。特别是在当前信息量大、市场变化剧烈的环境下，如何建立适应市场要求，满足企业发展需要的管理组织模式就成了企业经济管理创新的关键。

一是建立精干的管理组织。要通过职能分工细化等方法，结合先进的科技手段建立精干的管理组织体系，摆脱传统的机构臃肿、人浮于事的问题。

二是培养核心的团队精神。要通过企业文化的影响、管理结构的改变，提高企业管理人员的凝聚力、向心力，形成企业经济管理的合力，为创新的落实提供可靠保证。

三是树立高效的组织形式。通过分工合作、责任追究等方法，促进企业管理模式的改变。

（四）经济管理的人才培养是核心

一是加强现有人员的培养。对企业现有的经济管理人员可以通过在职培训、脱岗培训等方式提升其素质，将创新的观念渗透其思想，促进管理质量提高。

二是提高新进人员的素质。在对新进人员的招录方面，提高标准，改变传统的以学历为条件的方法，对其创新能力、综合素质进行考核。

三是科学规划人员的发展。企业要为其经济管理人员的发展提供保障，在岗位设置、薪酬等方面给予保证。

四、网络经济下企业财务管理的创新

进入 21 世纪以来，随着网络通信和多媒体技术的迅速发展，网上企业、虚拟企业等新的企业系统应运而生，网络经济逐渐形成。网络经济改变了人们传统的资本、财富和价值观念，使财务管理的环境发生了变化，给企业参与市场竞争带来了新的机遇与挑战，对企业经营管理全面创新发挥了重要的推动作用。财务管理作为企业经营管理的重要组成部分，面临着自身能否快速跟上新技术、适应网络经济的挑战。

（一）财务管理目标的创新

网络经济的重要标志之一是人类生产经营活动和社会活动网络化。财务管理必须顺应潮流，充分利用互联网资源，从管理目标、管理内容和管理模式进行创新。传统财务管理目标以"利润最大化""股东财富最大化""企业价值最大化"为主，它是基于物质资本占主导地位的工业经济时代物质资源的稀缺性和使用上的排他性等原因产生的，体现了股东至上的原则。然而，在网络经济下，人力资源、知识资源在企业资源中占主导地位，企业相关利益主体发生了改变，若财务管理的目标仅归结为股东的目标，而忽视其他相关主体，必然导致企业相关主体的冲突，最终损害企业的利益和财务管理内容的创新。

1. 融资、投资创新

在传统经济形式下，企业的融资是指以低成本、低风险筹措企业所需的各种金融资本。投资资金的运用主要指固定资产投资和项目投资。而在网络经济下，人力资本、知识资本的管理是企业财务管理的重心。因此，企业的融资、投资重心将转向人力资本和知识资本。目前，在网络经济下企业的竞争是人力资本和知识资本的竞争，谁拥有了人力资本和知识资本，便拥有了发展、生产的主动权。因此，筹集知识资本和储备人力资本将成为网络经济下财务管理的重要环节。

2. 资本结构优化创新

资本结构是企业财务状况和发展战略的基础。而网络财务中资本结构优化创新包括以下几个层面：一是确立传统金融资本与知识资本的比例关系；二是确立传统金融资本内部的比例关系、形式和层次；三是确立知识资产证券化的种类、期限，非证券化知识资产的权益形式、债务形式以及知识资本中人力资本的产权形式等。通常情况下，企业资本结构的优化创新是通过投资与融资管理而实现的。只有优化资本结构，使企业各类资本形式动态组合达到收益与风险的相互配比，才能实现企业知识占有与使用量的最大化。

3. 收益分配模式创新

在网络经济下，企业资源的重心转向人力资源和知识资源，有知识的劳动者成为企业的拥有者。企业的资本可分为物质资本和知识资本。企业的拥有者发生了变化，收益分配模式必然发生变革。收益分配模式由传统的按资分配变为在企业的物质资本和知识资本的各所有者之间分配，按照各所有者为企业做出贡献大小及所承担风险大小进行分配。

在互联网环境下，任何物理距离都将变成鼠标的距离，财务管理的能力必须延伸到全球任何一个结点。财务管理模式只有从过去的局部、分散管理向远程处理和集中式管理转变，才能实时监控财务状况，以回避高速度运营产生的巨大风险。企业集团利用互联网，可以对所有的分支机构实行数据的远程处理、远程报账、远程审计等远距离财务监控，也可以掌握如监控远程库存、销售点经营等业务情况。这种管理模式的创新，使企业集团在互联网上通过网页登录，即可轻松地实现集中式管理，对所有分支机构进行集中记账，集中资金调配，从而提高企业竞争力。

（二）网络经济下企业财务管理的缺陷

网络经济是以 Internet 为载体而运行的经济形式，也是电子商务充分发展的经济。由于经济活动的数字化、网络化，出现了许多新的媒体空间，如虚拟市场、虚拟银行等。许多传统的商业运作方式将随之消失，取而代之以电子支付、电子采购和电子订单，商业活动将主要以电子商务的形式在互联网上进行，使企业购销活动更便捷，费用更低廉，对存货的量化监控更精确。这种特殊的商业模式，使企业传统的财务管理缺陷暴露无遗。

在网络环境下，电子商务的贸易双方从贸易谈判、签订合同到货款支付等无须当面进行，均可以通过计算机互联网络在最短的时间内来完成，使整个交易远程化、实时化、虚拟化。这些变化首先对财务管理方法的及时性、适应性、弹性等提出了更高要求，并使企业财务分析的内容和标准发生新的变化。传统财务管理没有实现网络在线办公、电子支付等手段，使财务预测、计划、决策等各环节工作的时间相对较长，不能适应电子商务发展的需要。另外，分散的财务管理模式不利于电子商务的发展，不能满足新的管理模式和工作方式的需要。

财务管理传统的结算资料主要来自财务会计的成果，借助经济数学和统计学的一些基本方法，对以财务报表为核心的会计资料进行处理，并据以预测未来经济条件下企业可能达到的损益状况。在网络环境下，电子商务能在世界各地瞬间进行，通过计算机自动处理，企业的原料采购、产品生产与销售、银行汇兑等过程均可通过计算机网络完成。

不能避免财务管理出现的新风险。在网络经济下传统企业财务管理首先遇到的是网络交易安全问题。由于财务管理中涉及的交易用户由传统的面对面的交易改为通过互联网进行交易，而互联网体系使用的是开放式的 TCP／IP 协议，并且以广播的形式进行传播，交易用户的信息很容易被窃取和篡改。即使是合法身份的交易人，由于采用无纸交易，交易对方也可能会抵赖交易，从而给网络交易安全带来极大威胁。传统的财务管理多采用基于内部网的财务软件，没有考虑到来自互联网的安全威胁，而企业财务数据属重大商业机密，如遭破坏或泄露，将造成极大的损失。

（三）网络经济下财务管理创新的实施构想

企业财务管理创新是网络经济全球化的客观要求，也是企业发展的当务之急，在此提出几点实施财务管理创新的构想。

网络经济的兴起，使创造企业财富的核心要素由物质资本转向人力资本和知识资本。因此，企业理财必须转变观念，不能只盯住物质资本和金融资本。首先，企业财务只有坚持以人为本的管理，充分调动员工的积极性、主动性和创造性，才能从根本上提升企业财务管理的水平；其次，企业财务人员，必须树立正确的风险观，善于观察和面对复杂的竞争环境，能够科学、准确地预测市场环境下的不确定因素；最后，要重视和利用知识资本。企业既要为知识创造及其商品化提供相应的经营资产，又要充分利用知识资本，使企业保持持续的利润增长。

加强财务人员的网络技术培训。在以数字化技术为先导的网络经济下，财务管理创新的关键是对网络技术的普及与应用。而对财务人员进行网络技术培训，可提高财务人员的适应能力和创新能力。因为如果已拥有经济和财会理论基础的财务人员学习现代网络技术，就可将经济、财会、网络有机地结合起来，从多角度分析新经济环境的需要，制定合适的财务策略。同时，通过技术培训可使财务人员不断汲取新的知识，开发企业信息，并根据变化的理财环境，对企业的运行状况和不断扩大的业务范围进行评估和风险分析。只有这样，财务管理人员才能适应网络经济发展的要求，实现财务管理的创新。

五、电子商务企业管理创新

由于电子商务彻底改变了现有的作业方式与手段，又能充分利用资源，缩短商业循环与周期，提高运营效率，降低成本，提高服务质量，电子商务的发展为企业带来前所未有的发展机会。它对厂商生产行为、市场营销、企业组织、国内外贸易的手段和方式等产生巨大的冲击，并将引起经营管理思想、行为模式以及管理理论和方法的深刻变革。

（一）电子商务对企业管理的重要影响

1. 电子商务对企业人力资源管理的重要影响

现如今，市场的竞争已经逐渐转变为人力资源的竞争，做好人力资源管理工作，能够在更大程度上提升企业的竞争力。电子商务作为一种新型的生产方式，是由电子商务技能型的人才进行控制的，它使得企业在人力资源的引进、奖励、培训、录用以及测试等方面的工作都变得更加容易，且所需要的费用也得到降低，为企业的发展凝聚更多的人才；同时，借助于电子商务进行人才招聘已被更多的企业所采纳，相关的人才流动手段和人才测评等也日益流行起来，企业与员工之间的交流也变得更加自由、顺畅，这不仅促使企业的人力资源管理工作更好地跟上时代发展的步伐，而且也带动了企业其他工作的改革与创新。

2. 电子商务对企业财务管理的重要影响

传统意义上的财务管理模式已经无法满足最新形势的发展要求，电子商务的发展与进步要求财务管理要逐步实现从静态事后核算到参与企业经营过程的、动态性的方向转变，从具有独立职能、内部性的管理模式向资金流、信息流、物流的集成性管理方向发展，从封闭式、单机性的财务数据的处理手段到集成化、互联网的方式迈进。总之，在电子商务的发展要求下，企业的财务管理必须具有战略性、智能性、预测性以及实时性等特征，督促财务管理工作的不断完善与进步。

3. 电子商务对企业生产管理的重要影响

在实施电子商务之后，企业的各个生产阶段都能够运用网络进行联系，传统意义上的直线生产也可以逐渐转变为网络经济背景下的并行生产。如此一来，可以节约诸多不必要的等待时间，在提高生产效率的基础上，督促企业更好、更快地完成现场管理与全面质量的管理。电子商务对企业生产流程的重要影响可以概括为生产过程的现代化、低库存生产以及数字化的订制生产等，使企业的生产、供应、配送与设计各环节更加有条不紊地进行。

（二）电子商务背景下企业管理创新的良好策略

1. 重视企业人力资源管理的改革与创新

在知识经济时代到来的今天，人力资源在社会各行各业发展中的重要性不言而喻，尤其是在电子商务背景下，企业更要重视人力资源管理工作的创新。具体来说，首先，企业要做的不仅仅是坐等着电子商务环境的成熟与完备，而是应当根据实际发展情况，积极有效地运用现有的便利条件，充分发挥电子商务在人力资源的录用、引进与培训等方面的优势，开发出适合企业发展的人才培养模式，并且通过电子商务专题会议、主题性的拓展训练活动、邀请外界专家来企业指导等多种方式，使得电子商务模式在人力资源管理中的普及力度得到进一步的加强；其次，企业领导者要经常性地深入员工的日常工作和生活中，加强与员工的沟通和交流，鼓励员工针对电子商务积极地提出自己的想法与建议，从而在集思广益的前提下为电子商务的合理运用提供必要的帮助，同时也会拉近与员工之间的距离，督促企业开展更有针对性的人力资源管理工作。

2. 加强企业财务管理的创新

面对着知识经济和电子商务、经济全球化等浪潮的冲击，企业的财务管理工作只有不断地加强完善与创新，才能在这股浪潮中冲出一片天地。具体来说，一是要注重财务管理理论的创新。企业投资决策的重点要放在企业的无形资产、财务目标的变化等方面，要规定人力资本所有者参与到企业税后的利润分配等，让理论的完善指导财务实践的顺利进行。二是财务管理手段的创新。在电子商务背景下，企业要结合自身财务的实际情况，构建与完善更为合理的财务管理信息化系统，实现从传统的纸质数据、电算化的初步磁盘数据到网页数据的过渡和转变，帮助与引导企业逐步实现企业财务和业务的协同以及审计、查账、远程报表等动态性的管理，在减少管理成本的情况下，不断地提高财务管理效率，让财务管理工作更好地跟上时代发展的步伐。三是要注重信息系统的安全建设。除了必要的防火墙设置、用户权限规定、常规性的检查等工作之外，还要派遣专业人士定期或者不定期地针对电子商务背景下财务管理的走向，对该信息系统进行实时的补充与完善，让企业的整个财务工作迈入更加科学合理的轨道。

3. 强调企业生产管理的创新

在电子商务不断发展的大环境中，企业生产管理被提出了更多的要求，重视企业生产管理的创新，不仅是企业应对电子商务发展要求的重要举措，更是企业实现长足发展的保障。企业要在更大的程度上重视现场管理，即从生产基层就对人、生产方法、物料以及设备等多方面进行有效的管理与控制，构建更加科学的基层管理体制，将成本管控与工作质量提升融入生产过程中，从而达到效益更高、成本更低、质量更高的局面。还有，要重视产品的低碳性设计和营销，一方面要强化低碳产品的生产工艺与设计；另一方面还要强化外部营销，在降低营销成本的基础上不断地推陈出新，发掘出更适合企业产品发展的广阔平台。这不仅是满足电子商务发展要求的关键环节，更有利于企业的长足发展。再有，企业生产管理的创新还要注重"软实力"的完善，即企业文化，企业文化的构建与完善是一个长期的、系统的工程，是通过树立新型的价值观念、道德观念与职业理念等所营造出的一种良好的工作氛围，因此企业领导者要采取诸如员工手册内容的完善、设立文化宣传栏、以特定文化为主题的拓展训练活动等方式，让企业文化迅速渗透到员工的思想及工作中，逐步培养员工对企业发展的使命感与责任感，在扎实地推动各项生产管理质量得以强化的同时，也为电子商务在企业中的顺利推行提供重要的"软实力"基础。

六、建筑企业档案管理创新

建筑企业档案管理的创新最主要的方向是对建筑企业的档案进行信息化管理，使建筑企业的档案管理从传统的管理模式发展为信息化管理模式。档案信息可以用于解决企业面临的纠纷和问题，为企业减少不必要的损失，它可以间接地为企业带来经济效益，属于企业的无形资产。作为建筑企业，实现档案管理的创新，对其进行信息化管理可以解决建筑企业因基地分散、施工单位流动性大、施工期限长带来的建筑企业的档案管理收集整理难度大、管理烦琐等一系列问题。

（一）建筑企业档案信息化管理的必要性和特点

1. 建筑企业档案信息化管理的必要性

档案资源是指国家机构、社会组织和个人在社会活动中形成的对国家和社会有价值的档案综合。当前因为计算机技术和网络技术的发展，对传统的档案管理进行创新必然要向着网络化、电子化、动态化、信息化的发展方向发展。建筑企业之前的档案管理主要是依靠人工，建筑档案的分类整理、使用检索等全靠手工，效率较低。现在建筑工程档案的数目日益增多，工程资料、图纸数量也很庞大。对这些档案依照传统的档案管理方法，大量的纸质档案不仅保存困难、翻阅不易，还不符合节约型社会要求。这就需要对档案管理进行创新，并且当前信息化时代的到来也给建筑企业的档案管理发展带来了发展方向。建筑企业档案管理必须要抓住新的发展模式，在档案管理中要探索新的管理方法，使建筑企业档案管理可以与时俱进地保持创新，不断提高建筑企业档案管理的科技含量。

2. 建筑企业档案信息化管理的特点

对建筑企业档案进行信息化管理后可以实现档案的信息化存储，并且可以自动化查取档案；档案信息可以进行实时共享，档案信息化管理具有智能化，档案信息化管理可以进行社会化服务。

（二）当前建筑企业档案信息化管理面临的问题

虽然电子信息技术给建筑企业的档案管理的创新指明了发展方向，带来了新的机遇，但是在目前阶段对建筑企业的档案进行信息化管理还存在很多问题。

1. 档案安全问题

对建筑企业的档案进行信息化管理虽然有种种便利，但是它本身也存在缺陷。计算机系统和网络化技术本身的安全性就无法得到保障，硬件资源极易被人为破坏，也容易受自然灾害破坏；软件资源和信息化系统易受到病毒破坏。同时，因为内部管理措施不够完善等问题，建筑企业档案管理信息化的安全性问题有待解决。

2. 没有相关标准和立法

因为档案管理本身就是一件复杂的事情，档案管理的信息化又是一个新兴的档案管理方法，同时因为建筑企业基地分散、施工单位流动性大、施工期限长等问题，档案一般进行多头管理，所以标准化问题成为档案信息化管理的一大难题。档案管理信息化作为新兴事物，相关立法程序较少，出现问题时很难运用法律方式解决。

3. 相关技术支持不全面和技术人员缺乏

建筑企业信息化管理过程中产生的电子文件因其保管条件、保管期限等方面的局限性，如果不能很好地解决，那么最终带给建筑企业的不仅不是便利，反而会适得其反。在建立档案信息化管理的初期，需要把很多纸质档案进行扫描转化，但是当前多数单位装备的扫描仪数量少、转化慢，无法短时间将纸质档案转化为电子档案。当前掌握信息技术又明白档案管理专业知识的人才匮乏，无法满足档案信息化管理的需求。

（三）建筑企业档案信息化管理问题的解决办法

1. 建立档案信息化管理的可追溯系统

建筑企业不同于其他企业，对其档案管理需要建立可追溯系统，对文件自动生成、修改，保留文件的原始状态。在对建筑企业档案可追溯系统进行设计时，需要考虑到文件自动生成的可靠性，为其进一步发展提供条件。

2. 制定信息化档案的使用制度

建筑企业在实行档案信息化管理模式之后，一定要制定相应的规章制度。制定统一的档案格式标准，在对档案进行相关查阅利用时也应制定相关制度，使档案的利用者按照制度填写利用原因和利用内容。在进行档案利用时必须要遵照制度，使用专门的"软件狗"，防止档案被恶意修改或者被传播。因为档案的信息化管理必然会带来相关的电子文件，这时要对电子文件按照国家相关安全保密制度进行保密，保证系统安全。

3. 完善技术支持，进行技术人员培训

建筑企业档案信息化管理相关技术支持需要遵照当前信息化技术发展，吸收信息化技术新的成就，保证档案的长期安全。对于相关技术人员的匮乏问题，需要对档案人员进行相关培训，提高他们的工作素养和工作技能。在对建筑企业档案管理从业人员的培训中，应该添加档案信息化管理的培训，使他们可以掌握相关档案信息化管理的知识技能。

第二节　现代企业经济管理存在的问题

一、企业经济管理

企业经济管理用系统的管理方法去发现和解决管理企业的问题，通过系统的管理去处理企业内部和外部的各种经济与人事上的问题，优化企业的内部编制，加强日常工作的严谨性，提升企业的外部竞争力，切实地推进企业的发展步伐，保持企业利润的稳定实现，形成自己的核心竞争优势，在市场竞争中立于不败之地。

二、企业经济管理中存在的问题及对策

每个企业的生产经营活动既受内部条件的制约，又受各种外部条件的制约。以下分别从控制与审核、人力资源管理、企业生产过程三方面进行简要探讨。

（一）控制与审核

伴随电子、数字科技的发展以及思想意识的变更，传统的企业经济管理模式在控制与审核方面已经落后太多。传统的企业管理理念和控制与审核方法无法使企业的各个组成部分和全部的相关因素进入通盘考虑的范畴，这就无法实现企业系统功能等于或者大于各子系统的功能。

现代化的企业管理中，信息化管理的重要性逐步增加，建立统一的管理信息系统是建

设企业网络化的管理信息系统,实行公司内部控制制度的技术基础。企业管理的一体化可以从源头上减少管理偏差或错误,规避企业经营风险;要高度重视内部文件的时效性,使员工及时看到最新的公司决策;对外要进行全面及时的信息收集,了解政府的法律法规及最新的政策,还要建立与客户的联系,使公司与政府及客户建立三方联系平台,并及时准确地传递给公司决策层。企业应按计划进行内部经济管理体系文件的审核,包括形成文件的经济方针和目标,经济管理手册,企业确定的经济工作程序,企业为确保过程的有效策划、运行和控制所需的文件,企业应对审核人员组成、资格、方法、范围、时间做出策划,经济管理的记录应符合策划的要求并得到有效实施与保持。内审的记录应保留,确保记录清晰,易于识别和检查,规定记录的识别、储存、跟踪活动对所采取措施的验证和验证结果的报告。

(二)人力资源管理

企业结构不能够配合企业战略的实施,没有对工作人员进行技能和经验的教育、培训,将会导致企业难以整合和提升企业内部的人力资源,出现员工离职率居高不下和核心员工离职的现象。

而激励机制的缺乏也是造成人力资源不稳定的因素。缺乏有效的绩效评估制度,使人才的成长落后于企业的发展,让员工感到缺乏公正性,对企业丧失信心甚至产生抵触情绪,导致企业出现没有凝聚力、逼迫优秀人才走投无路只能选择离开的现象,从而造成企业面临人事危机。

人是企业运行的实际操作者,企业若想获得可持续发展,赢得未来的竞争优势,必须对企业中的人力资源进行有效的管理和开发,确保从事影响经济管理工作的人员应是能够胜任的,确保从事影响经济管理结果的人员所必需的能力。企业规避人事风险中遇到的问题需要系统地解决,只有各方面在公正、公平规范的市场环境下,化解风险才有可能。企业发展必须建立完善的福利和社会保障制度,以解除员工的后顾之忧。例如,为员工投放医疗和养老保险,社会保险的作用就在于解除员工后顾之忧,使员工积极投身于自己所从事的工作。企业在解决员工后顾之忧的同时还须考虑员工的工作和生活环境问题,避免因基础建设引起员工工作不尽心,影响工作质量、工作效率、工作精力。

加强对员工素质的培养同样重要,企业想要发展,根本而言,靠的就是人,也就是企业的人才。企业培养人才应该从以下几方面入手:提升员工的业务能力水平;开发每个员工特有的潜在能力;让员工加深对企业的认识和了解;积极努力地为企业培养和储备更多的人才。随着经济的发展,企业竞争力往往体现在人才及人才知识和能力上面。

(三)企业生产过程

在企业生产过程中,不管是前期的采购还是真正投入生产的过程,都存在一些不可预知的因素,而这些因素可能会影响到整个生产目标的实现。为确保企业在一个较长的时期内有较好效益并持续发展,须采取一种稳定的经济管理模式。

1. 采购

企业应确保采购活动符合经济管理的要求，在确保质量的情况下实行利益最大化，要在采购时实行招标制度和招标企业资质审核，包括供方的信用状况、经济实力、经济管理状况、计量方式、运输手段等，并对采购方式、采购程序及供方的履约能力进行评价。制定相应的评价准则，保持评价记录。在交货阶段，应对国家有规定的计量器具如磅秤进行定期检查，保证其准确性，保证交易的公平性，保护买家及卖家的权益。现在很多的企业实行信息化管理，在实际的应用中要对使用的计算机软件进行确认，必要时要再确认。

2. 生产

企业在生产之初一定会制订生产计划及目标，但是在生产过程中可能会有一些不可预知的因素，从而影响生产目标的实现，所以企业应采取措施消除不合格的原因，防止不合格的再发生，并应该设立评审机制，确定原因，确定整改所需措施。企业应采用适宜的方法对经济管理体系过程进行监视和测量，记录并评审所采取的纠正措施的结果以确定经济目标的实现程度。在适当的评审措施之后，为了防止不符合标准情况的发生，应积极采取预防措施。企业应确定措施，对过程、结果进行监视和测量，并进行内部审核，以消除潜在的不"符合"的原因，其中发现的不"符合"应采取以下措施加以处置：一是采取措施，消除已发现的不"符合"；二是同顾客或相关方协商接受不"符合"；三是采取措施防止不"符合"的蔓延。不"符合"的性质及随后采取的任何措施的记录予以保持。企业应采取措施消除不合格的原因，防止不合格的再发生，根据记录及评审结果重新制定程序，消除不符合的原因，采取措施防止不符合的蔓延及再次出现，然后保持记录，并对不符合的原因及措施进行分析。评价新措施的可行性及效果，对产品质量进行分析检测，建立数据，进行审核评价。

企业经济管理包括企业的内部控制和审核，人力资源、生产过程等多方面的管理。面对今天竞争激烈的市场，企业只有用科学的经济管理体系去管理企业的经济活动，建立完善的内部控制和审核系统、信息化系统、生产系统等，才能牢牢把握用户对产品质量的需求。只有通过科学的经济管理，有效地整合人力、物资及生产，把握质量、品牌、市场三者之间的关系，才能保证企业健康和可持续发展，使企业的利润保持稳定增长。

第三节 现代企业经济管理创新策略

一个企业的精髓所在就是该企业的经济效益，这不但是判断某个企业运行是否良好的关键标准，而且是企业之间相互竞争的依据，而提高资金使用效率正是提高经济收益的前提条件。因此，加强企业经济管理，提高资金使用效率在企业经营的过程中占据着核心地位，是每个现代企业不可忽视的一个重要问题。在描述经济管理具体职能的基础上，对加强企业经济管理，提高资金使用效率的策略进行分析和归纳总结。随着经济全球化与一体化进程的不断加快，市场竞争日益激烈，在此时代背景下，企业要想在竞争中脱颖而出，必须不断更新设备设施，提高经济管理水平，不断创新，让企业的经济管理更好地服务于生产经营，认识到经济管理的创新对企业发展的重要性。根据企业经济管理的特点，立足于我国现代企业的经济管理现状，详细阐述企业在经济管理中的创新对企业的重要作用，最后从多个角度提出企业经济管理创新的策略，帮助企业更好地发展。

一、企业经济管理创新的重要性

随着现代企业的不断涌现，企业管理方面的经验也在不断得到积累和丰富，对于企业所面临的种种问题也在各个企业精英的思考和探索中得到解决。当下，对于如何加强企业经济管理，提高资金使用效率也正是众多企业亟待解决的一个重大问题。

（一）经济改革的要求

企业经济管理作为优化和整合企业资源的重要手段，从一定程度上来说，可以将其看成一种生产力的表现形式。当今市场经济处于高速发展时期，科学技术的更新也日新月异，知识经济和互联网经济在当今社会中的作用也不断凸显，企业在新经济时代下，如果不加强对经济管理创新，就会落后于其他企业，不能适应时代发展和市场经济的发展，在竞争中也会处于不利地位。

（二）企业发展的需求

对于不同的企业而言，其经营的环境和管理体系也是不同的，但是影响企业经营环境和管理体系的因素基本相同。首先，企业经营环境和管理体系都受到了全球经济化趋势日益加强的影响；其次，受到了以知识经济为主体的新经济发展形势的引线；最后，还受到了互联网技术发展的影响。在外部环境影响下，企业面临外部环境的逐渐开放，企业在国际市场中的竞争压力也越来越大。就当前来说，新经济环境和新经济形势对企业来说既是挑战，也是一种机遇。企业要加强竞争实力，必然要创新经济管理，才能不断地发展和进步。

二、经济管理的职能

随着企业各项制度的不断完善，组织结构的不断建立健全，作为企业管理核心内容之一的经济管理，其具体的管理和职能的内容也在发生着变化。企业的经济管理职能其实就是企业的经济管理通过企业的再生产环节而体现出来的功能。具体一点说，经济管理的职能由两方面的内容决定：一方面，是指财务工作本质的影响；另一方面，是指来自管理的理论和实践发展的影响。由于现代社会的经济利益体制及关系逐渐丰富，企业给经济管理划定的范围逐渐扩大，同时也给经济管理的职能赋予更多的可能和更大的权限。经济管理的主要职能体现在以下几方面：首先，财务计划职能，主要体现在规划和安排未来某一个时间段的财务活动；其次，财务组织职能，主要体现在科学地对财务系统中相关的各种因素、各部分等按照一定的顺序和关系进行合理的组织整理；再次，财务控制职能，这一职能的设立是十分有必要的，这是为了实现对财务工作中的失误和偏差的及时发现和改正；最后，财务协调职能，这是为了避免一些不必要的财务纠纷，从而利用各种合理的财务协调手段和途径等来维护企业良好的配合关系，以及舒适的财务环境。经济管理自从被企业管理独立划分出来并得到广泛使用以来，其职能得到了相当快的发展。

三、现代企业经济管理中的创新策略

（一）企业经济管理理念创新

思想观念的转变、思想理念的创新都是企业经济管理理念创新的先导，要正确理解企业经济管理理念创新的概念，切实贯彻理念创新。纵览我国企业现状，陈旧的经济管理理念仍阻碍着我国企业经济管理的发展，大部分企业管理者思想观念落后，思想更新意识薄弱，竞争意识、危机意识不强。所以，企业要大力倡导理念创新，把理念创新视为经济管理创新的根基，日后的其他管理创新机制都要以理念创新为指导。企业经济管理理念创新不仅纠正了陈旧的、过时的思维模式，还通过独特的视角、思维方法、管理机制为企业经济管理创新提供指导，在企业中树立创新管理与科学管理的理念，真正做到创新管理，让企业的生产经营在理念创新的道路上越走越远。

（二）加强对企业经济管理理念的创新

企业要实现经济管理的创新，首先就要实现对企业经济管理理念的创新。只有企业掌握了现今的管理理念，才能更好地带领企业的员工实施创新活动。企业高层领导对此也要引起重视，可以在企业内部营造一种积极向上的创新环境，让企业所有员工在创新氛围的感染下，积极地学习和创新，掌握必要的创新知识和创新能力。在当前市场经济环境发展的新形势下，企业在市场中的竞争压力也越来越大，因此企业应该建立一种危机意识和制定战略管理机制，从市场环境出发，结合企业当前存在的实际问题，做到统筹全局。

（三）加强对企业经济管理制度的创新

企业要实现管理，离不开企业制度的支持，企业在经济管理创新中也受到了企业管理制度的制约。因此，企业要实现经济管理的创新，就要加强对企业经济管理制度的创新。应该坚持以人为本的人性化管理机制，为企业员工创造良好的发展条件，加强对人力资源管理的重视，完善人力资源管理制度，建立健全监督机制和决策机制，并让企业所有员工都积极参与进来，调动员工工作的积极性。

（四）加强对企业经济管理组织模式的创新

在企业经营发展的过程中，经济管理组织在其中也发挥着巨大的作用，实施有效的经济管理组织可以提高企业经济管理效益。因此，企业要认识到企业经济管理组织模式的重要性，加强对经济管理组织模式的创新。首先，在管理组织的建设上要实施柔性化的管理方式，促进管理组织的多样化；其次，要实现企业经济管理模式的扁平化，简化企业组织层次，提高企业经济管理效益；最后，要促进虚拟化管理机制的建立，借助先进的计算机技术对经济管理组织进行合理的规划，实现对经济管理信息的整合，从而建立起一种无形的经济管理机制，促进企业经济的发展。随着经济全球化进程的加快和市场经济改革的完善，企业也面临着巨大的竞争压力。创新作为企业发展的基本动力，在当前经济发展的时代下，也是企业提高竞争实力的基本途径。企业要想在当下获得更好的发展，提高企业在市场中的竞争实力，就必须对经济管理引起重视，针对企业当前存在的问题，制定出有效的经济管理创新对策，不断提高企业经济管理水平。

第七章　经济结构调整中政策工具运用

第一节　产业结构调整中政策工具的使用

一、我国产业结构存在的问题及调整方向

20世纪60年代初，世界主要发达国家的经济重心开始向服务业转移。随着工业经济的高度成熟以及计算机技术的飞速发展，全球产业结构明显加速向后工业化的服务经济转型，逐渐形成21世纪全球经济的典型特征。

制造业朝着分工细化、协作紧密方向发展，促进信息技术向市场、设计、生产等环节渗透，推动生产方式向柔性、智能、精细转变。实施工业强基工程，开展质量品牌提升行动，支持企业瞄准国际同行业标杆，推进技术改造，全面提高产品技术、工艺装备、能效环保等水平。更加注重运用市场机制、经济手段、法治办法化解产能过剩，加大政策引导力度，完善企业退出机制。支持战略性新兴产业发展，发挥产业政策导向和促进竞争功能，更好发挥国家产业投资引导基金作用，培育一批战略性产业。

（一）我国产业结构存在的问题

1. 三大产业生产比较粗放和落后

从第一产业看，现代化程度低，生产规模小，生产技术和手段落后，农业科技储备和创新能力不足，农产品增加值程度低，如我国的农产品增值程度不到农产品价值的1倍，而发达国家一般为3~5倍；从第二产业看，虽然比重高，但内在素质不高，低水平产品供给过剩，高水平产品供给不足，而且相当部分工业企业技术水平低，产品创新和竞争能力不强。据统计，在主要的工业品中，我国80%以上产品的生产能力利用不足或严重不足，而与此同时国家还要花大量外汇进口国内短缺的高附加值产品，造成了我国结构性供给和需求不足，被一些经济学家戏称为"后短缺"时期，即结构性短缺时期；第三产业尽管发展较快，但传统行业比重较高，新兴的金融、通信、信息和社会服务业等行业发展不足，交通运输、仓储、批发和零售贸易、餐饮等行业的比重仍在45%以上。

2. 产业组织结构不尽合理

我国产业组织结构现在面临市场结构缺乏有效竞争和企业结构缺乏经济规模效应的矛盾，主要体现在：由于行政垄断和自然垄断导致市场进入和退出障碍，市场存在竞争不足和过度竞争。如电信、烟草、民航、铁路、电力等产业部门的企业组织高度垄断，其市场化进程滞后于经济体制改革的整体水平。而一般竞争性行业的低水平重复建设造成企业规模过小、分布过于分散、市场集中度低、竞争能力不强等现象，因而缺乏规模经济效益。企业过度竞争与相对竞争不足，生产的专业化程度与行业集中度低，直接导致了行业利润下降与企业经营困难，造成了资源严重浪费，不利于产业整体竞争力的提升。

3. 区域经济发展不协调，地区产业趋同及环境问题较突出

区域经济协调发展就是区域之间在经济交往上日趋密切、相互依赖日益加深、发展上关联互动，从而达到各区域的经济均持续发展。改革开放以来，我国东部沿海地区与中西部地区在产业构成、人均GDP和人均可支配收入以及整体经济发展等方面都有很大差距。

与此同时，受传统体制影响和利益机制的驱使，地方经济自成体系，搞"大而全、小而全"的现象比较普遍。各省市发展计划严重趋同，不利于地区间专业化分工与协作的实现，也不利于实现规模经济效益。西部地区的整体生态环境质量的下降，对我国生态环境已经构成了比较严重的威胁，这就必然要对西部以资源采掘和加工为优势的产业结构提出严重挑战，迫切要求西部地区按可持续发展的路子进行产业结构调整。

（二）形成我国产业结构问题的原因分析

我国现阶段的产业结构是在国际分工进一步深化和我国工业化、城市化进程加速推进的背景下形成的，与我国传统经济增长方式有较大关系，而体制改革滞后则是其深层原因。

1. 源于全球范围内产业分工模式的变化

随着信息技术和交通运输业的发展，国际分工不断深化，产品生产按照技术复杂程度被拆分为多个独立的节点在全球范围进行布局。这样发达国家将重点放到研发设计、品牌和营销等高附加值环节，而将关键部件和设备的生产放到比较发达的国家或地区，发展中国家则主要承担劳动密集型环节或部件的加工组装。在此条件下，国别之间的分工，便由过去的发展中国家提供初级产品、进口发达国家的制成品的产业之间的分工，转变为制成品内部不同要素密集的部件或生产环节之间的分工，产业升级不仅仅是产业链的升级，还更多表现为从生产（OEM）到原始设计生产（ODM）再向自主品牌生产（OBM）的功能升级。在此过程中，跨国公司或处于领先地位的企业，不仅整合全球资源来促进按要素禀赋进行分工，还利用其技术、营销渠道、供应链管理、品牌甚至是矿石原料等产业链两端方面所形成的市场势力，并促使我国企业之间以及我国与其他发展中国家之间不断扩大产能和降价，以获取超额利润。由此形成了三种典型的价值链形态，即生产者驱动的价值链、购买者驱动的价值链和"三角形生产网络"价值链。在这种分工模式治理之下的市场

结构中，发展中国家所承接的加工制造环节，由于进入门槛低，产能扩张很快，在价值链中的地位也越来越低；而发达国家或地区占据的产业链、价值链两端，则有着较高的利润率，形成所谓的"微笑曲线"。

2. 源于我国粗放型的经济增长模式

进入 21 世纪以来，我国粗放型的经济增长模式可以归结为"三个过度和一个缺失"，即产业发展中过度依赖投资外延扩张、全球分工中过度依赖加工制造环节和加工贸易、竞争战略过度依赖成本价格，而产业链和价值链中研发设计、营销、品牌和供应链管理等高附加值环节缺失。之所以说"过度"，是由于按照经济学的一般规律，我国现阶段的经济增长和产业发展在一定程度上依赖投资、依赖加工制造和加工贸易、依赖成本价格优势，是与现阶段我国工业化特征和比较优势相一致的。但是，由于体制机制等方面的原因，我国实际上人为地放大了这一趋势而导致了新的不协调。这种模式在过去支撑了我国经济的持续快速增长，但也在很大程度上带来了严重的结构性缺陷和矛盾等问题，使得我国经济发展方式粗放，贸易条件恶化，能源、资源和环境压力很大，甚至是难以为继。

第一，过度追求经济增长速度和经济增长过度依赖投资，强化了投资与重化工业之间的自我循环。

从中国国情出发，城镇化中接收农村劳动力转移的应以城市为主，城市是农村劳动力转移的重点和主导方面。其次才是小城镇，而绝不能找错方向——以小城镇为主，这一问题事关重大。城际之间基础设施建设和住房建设等，消费升级也使得消费重心由以温饱为主的服装、食品生产向用、住、行为主的机电产品转变，这些都决定了这是一个以投资带动和重化工业为主导的时期。但是，我国现行体制又强化了这一特征，比如过度追求 GDP，人为压低投资成本（如压低土地成本、环保成本、劳动力成本、资源成本和保持低汇率等），固化了投资—重化工业(资本密集)—投资的自我循环。经济增长过度依赖投资，必将导致强化投资与工业扩张及重化工业之间的自我循环。

第二，全球分工过度集中于加工制造环节和加工贸易领域，而研发、设计、品牌、供应链管理和营销等附加值高端环节过度依赖外资而自身缺失。

我国产业发展和参与国际分工的方式通常是在引进技术的基础上，加以消化吸收，并进行再创新；日本、韩国参与国际分工通常是采取主动分工的方式，通过自身的营销渠道、自己掌握采购等供应链各环节，并逐步培养自己的品牌。我国参与国际分工很多是通过给予"三资企业"超国民待遇的方式，国内企业固化在加工制造环节，对加工贸易依赖程度高，而技术、设计、品牌、供应链管理和营销等附件价值高端环节过度依赖外资。这使得我国地区在技术水平较低、资金缺乏和管理经验缺乏的基础上，通过利用外资加快我国经济和相关产业的发展，快速实现了工业化，但这已被整合到了跨国公司全球产业链之中。加工制造环节是能源资源消耗比较多、环境污染比较大的环节，由于能源资源消耗少、污染小、附加值高的高端环节被外方所控制，使得我国能源、资源消耗大以及环境污染严重和国民收入增长缓慢，国内生产性服务业难以快速发展，也制约了我国产业结构的升级转型。

第三，过度依赖以价格为主的竞争战略，形成了技术进步对降低成本的路径依赖。

竞争战略与经济发展方式有着较强的路径依赖。如果竞争战略以追求低成本为定位，那么技术进步和技术创新则将沿着规模化、标准化的路径靠大规模的自动化设备更新来实现。即使是生产能力提高，也是偏向劳动节约和资本密集型技术的路径依赖，就业压力会更大。立足于价格竞争，也就需要更低廉的要素价格来维持竞争力，导致收入增长与出口数量增长的严重不对称和贸易条件恶化。相反，如果竞争战略立足差异性、个性化的需求，追求价值创造和竞争提升，则需要依靠强化研发、设计、市场调研、响应速度等能力建设和无形资本投资来实现，更多的是要求生产性服务业的发展。

很多人认为竞争战略仅仅是企业的事情，政府不应干预。但事实并非如此。一是由于"合成谬误"的存在，企业集中于成本和价格竞争，有可能在单个企业提高生产率的前提下，价格贸易条件恶化；二是竞争战略的转变离不开建立与之相应的制度环境。

上述发展路径虽然在一定程度上加快了经济增长，但也是导致我国现阶段经济结构存在投资消费结构失调、内外结构失调和三次产业失调以及贸易条件恶化、收入增长缓慢和资源、能源、环境等问题的重要原因。着眼于未来我国产业结构升级和抢占战略性新兴产业的发展高地，就必须摆脱上述"三个过度和一个缺失"，为我国改善国际分工地位、转变发展方式奠定坚实的基础。

3. 源于目前所处的工业化阶段和"二元结构"突出的国情

一方面，我国正处于工业化中期，工业化与城市化的加速推进以及住房、汽车所带动的消费结构升级，加大了对能源、资源密集型产业的需求。根据国际经验，无论是按人均收入水平的截面分析，还是根据发达国家和后起工业化国家的发展过程，都可以看出工业化中期显著的重工业化趋势。重工业化的动力来自积累的迅速提高和需求结构的快速转变两方面。工业化中期阶段的高积累率为资本密集型行业的发展提供了资本供给；而最终需求结构迅速变化，消费品内部由以衣食为主向住、行为主转变，中间产品需求份额不断提高，城市化步伐加快和大规模建设交通等基础设施，直接导致了能源、原材料、化工及机械装备等重化工业的发展。尤其是我国希望在短时期内实现赶超目标，加快工业化、城市化进程，更加加剧了这一矛盾。发达国家在工业化过程中，也曾遇到资源、环境的压力，成功地实现了以要素投入为主向依靠技术和知识等软投入为主的转型。另一方面，我国"二元结构"突出，拥有庞大的农村剩余劳动力有待转换，在一定程度上维持了持续的低劳动力价格，也使得固化于劳动密集型行业或环节具有可能性。

4. 源于追求数量增长的机制体制环境

改革开放以来，我国营造了有利于数量增长的制度环境，维持了经济的持续高速增长，但这一制度环境也为形成粗放型经济增长模式和当前的结构性缺陷埋下了伏笔。

一是以增值税为主。消费税从生产环节征收的财税征收体制以及财政分灶吃饭分配体制刺激了各地方发展工业的积极性。一些地方政府通过其影响，人为降低土地、环境、人工的成本并影响信贷发放，盲目发展对经济增长拉动明显而对资源环境影响较大的重化工业。而且，越是投资规模较小的企业，尽管在资源利用和环境保护方面不如规模经济突出的大企业，但由于所需要的政府审批级别低而更容易得到批准建立。

二是政绩考核体系还不尽科学合理。追求 GDP 增长成为事实上的政绩考核目标，而在教育、医疗卫生、就业、社会保障、环保、生态和公共安全等公共服务和社会管理方面的考核和约束不足。不少地方要求 GDP"五年翻番"，并层层分解招商引资目标，出台各种各样的优惠政策以降低投资成本。与此同时，无论是在考核方式还是在观念上，政府部门、企业领导、银行等可以接受对建厂、购买设备等看得见的实物投资失误，而对研发、服务能力建设、品牌培育等软性资本投资支持容忍度却很低。

三是扭曲的资源要素价格与环境的低约束，强化了要素密集型产业和粗放型增长，造成了对资源要素的过度需求和浪费。对低要素成本和低价格竞争的路径依赖，以及研发、设计、供应链管理、营销、品牌培育等关键环节的滞后，还导致了我国用工主要集中于较低文化素质劳动者的需求，而大学生等较高文化层次劳动者就业困难。

综上所述，我国产业结构的变动基本符合国际产业结构演变的一般规律，产业结构名义高度化较快，产业结构变动促进了经济的持续增长；但总体上实际高度化不足，过度集中于加工制造环节，而关键环节缺失或滞后导致生产性服务业发展滞后，并使得资源再配置效应欠佳，进而使产业结构的协调效应、就业效应不理想，分配效应和环境效应问题突出。出现这些问题，既有发展阶段、全球分工模式变化和我国产业发展模式的原因，更有体制机制环境的因素。因此，在下一阶段的产业结构调整中应该重点关注的有三点：一是如何通过突破关键环节来提升产业分工层级，从而提升产业结构的实际高度化水平；二是完善要素流动的市场和体制环境，推进第三产业及各产业内部的融合和互动，改善产业结构的协调效应，提升资源再配置效应；三是通过体制、技术等多维创新和产业结构调整，转变经济发展方式，实现可持续发展。

（三）我国产业结构调整的方向

促进产业结构调整可以使经济增长过程中的产业结构变动趋于合理化，同时合理化的产业结构可以进一步地带动经济增长。产业结构的调整目标是实现产业结构的优化和升级。产业结构的优化和升级是一种不断渐进完善的过程，就是要实现产业间比例的协调化、产业组织的规模合理化、产业产值增长速度的适度化以及整个产业经济过程的绿色化，确保经济可持续发展。

贯彻国家经济政策，调整产业结构，实现宏观经济目标需要大量的资金支持，而我国政府财力有限，无法满足每一方面的需要。因此，我国政府就要多方面权衡，制定出符合国情和发展的经济政策，应该分两步走：确定中间目标与终极目标。

中间目标：在短期内，我国应该实施就业优先的经济战略，把就业增加作为政府工作的首要目标，主张以就业增加拉动经济增长，实现经济的可持续发展。从产业结构调整的角度来说，这就要注意优化目标次序。

1. 大力发展第三产业

第三产业的快速发展，为现代化经济注入了新的活力。与此同时，为第一产业和第二产业提供了质量好和效益高的全方位服务，进而使第一产业和第二产业的发展迈上了更高的台阶。随着我国工业化的发展，第一产业就业出现了绝对下降的趋势，释放出大量的剩余劳动力；第二产业出现了严重的资本和技术替代劳动的现象，致使大量工人下岗；只有第三产业成为吸纳劳动力就业的主力军。但是第三产业发展严重滞后，所以要大力发展第三产业以缓解我国就业压力，这是符合三大产业演进规律的。

2. 稳定增长第二产业

第二产业是我国经济长期发展的支柱产业和核心产业，是我国经济增长的原动力，其产值占 GDP 的比重最大，对我国经济增长的拉动作用最强。它与第一产业和第三产业密切相关，其有效增长可以有力地带动第一产业和第三产业全面而快速发展，从而增强各产业特别是第三产业对就业的吸纳能力。

3. 巩固第一产业的基础地位

第一产业是整个国民经济的基础，肩负着为其他产业提供原料和为人们的生活提供饮食必需品的巨大任务，在社会发展中起着举足轻重的作用。从经济发展来看，第一产业占 GDP 的比重逐年下降，同时第一产业出现大量剩余劳动力，并处于剩余劳动力向第二产业和第三产业的转移过程中，这是符合经济发展规律的。随着工业化的发展，第一产业劳动生产率的提高，剩余劳动力的出现是必然趋势，也为第二产业和第三产业的发展提供了丰富的劳动力资源。

终极目标：我国的现状是人口基数大、劳动力资源丰富、资本资源相对短缺、自然资源和环境逐步恶化，因而无论是经济政策还是社会政策，都应该以富民为本和以创建和谐社会为宗旨。具体就是积极创造大量的就业岗位，提供相应的就业政策扶持，缓解就业压力；改善自然环境，发展循环经济，提高资源的利用率。

在长期发展过程中，宏观经济政策应该兼顾经济和就业，使二者得以平衡。在我国特有的国情下，经济增长与就业增加要协调发展，即经济有效增长与就业有效增加同步，最终实现可持续、和谐的发展。

二、产业结构调整中政策工具的使用

在市场经济条件下，产业结构转型升级应该是市场竞争选择的结果，企业是产业结构调整的主体。要实现产业结构的优化和转型升级，最重要的是要完善市场体系，充分发挥市场配置资源的基础作用和企业的主体作用。但是，即使这样，也不能忽视国家和产业政策对经济发展的作用，尤其是在涉及生产要素流动、产权关系等制度性变迁、经济管理体制改革等方面。发挥比较优势可以通过完善市场机制由企业来实现，政府主要是提供具有竞争力的要素供给环境和条件；而尽快提升比较优势和提升国际分工地位，则需要依靠政府在推动技术创新、体制机制创新、品牌培育和观念更新等方面，提供更多的外部支持。

（一）政策重心的调整

1. 推进竞争战略由以价格竞争为主转向以质量、品牌和服务等非价格竞争为主的转变

过去经济增长是建立在要素禀赋基础上的，各级政府招商引资也主要依靠土地、廉价劳动力、厂房、资源和低环境成本的要素条件。这无疑增加了物质财富，但也极大地消耗了资源、能源，对环境也带来了很大的影响。而且，传统的比较优势战略，忽视了质量、品牌和服务，忽视了充分挖掘物制消费背后的价值。尤其是我国已经进入高成本阶段，对我国企业以成本价格竞争为主的战略提出了很大的挑战。

从全球来看，随着信息技术的发展和装备的现代化，出现了柔性生产、及时生产、敏捷生产体制，使得按个性化定制成为可能，产品的竞争也更多地由过去的价格和品质竞争向价格、品质、个性化、响应速度和服务的竞争。虽然对单个企业而言采取什么样的竞争战略是微观问题，但如果绝大多数企业都主要依靠价格竞争，那就演变为需要借助国家战略和相关体制与政策进行调整的宏观问题。这是因为竞争战略与发展方式和技术进步具有很强的路径依赖。如果竞争战略定位于追求低成本、低价格，那么企业的技术进步和技术创新将沿着按规模化、标准化的路径，靠大规模的自动化设备更新来实现；在政策上，也将产生不断降低资源要素价格的诉求。如果竞争战略立足于差异性、个性化的需求，则需要靠研发、设计、市场调研、响应速度等能力建设和无形资本投资来实现。也就是说，是普遍采取价格竞争战略还是普遍采取非价格竞争战略，在很大程度上决定了我国生产性服务业的发展和产业结构的转型升级，也决定了发展方式的转变和走新型工业化道路能否实现。因此，应该从战略的高度，完善竞争环境，促进我国企业由以价格竞争为主向以非价格竞争为主转变，以改变传统发展方式、分工方式和技术进步对大量使用低廉要素投入的路径依赖。

2. 由倾斜式的结构政策为主向支持关键环节的功能性政策为主转变

一般来说，在市场比较完善的情况下，产业结构短期资源配置效率问题主要应该由市场来解决，而追求长期目标如改善国际分工地位、战略性进入等问题，需要从国家层面进行设计和支持。在转轨时期，一方面，要加速完善市场机制和促进市场发育；另一方面，政府要对市场信号扭曲和失效的部分进行清理。同时，政策要适应我国工业化阶段性变化和产业结构矛盾由部门之间的比例不协调向关键环节滞后的变化，适应 WTO 规则的要求。政策重心应由过去的部门倾斜式结构性政策为主向支持关键环节的功能性结构政策为主，兼顾倾斜式结构性政策转变，通过财政、税收、金融创新和制度创新等多种途径，重点支持研发、设计、营销网络、品牌培育、供应链管理、专门化分工等制约产业结构优化升级的关键环节，并着力改善信息化外部环境。

3. 加强品牌建设，建立培育自主品牌支持体系

品牌是提升产品价值、培育客户忠诚度的重要载体。要实现从提供制造产品向提供产品和服务转变，就必须从战略的高度重视培育自主品牌。

一是发挥企业主体作用，加强自主品牌建设。鼓励企业依靠科技进步和加强质量管理，争创名牌，走名牌兴业的道路。帮助企业建立健全质量保证体系、标准化体系和计量检测体系。支持企业积极采用国际标准和国外先进标准。

二是完善法规，加强政策引导和扶持，开展"国家品牌工程"。这就要完善我国名牌产品评价机制，鼓励各地政府加强组织领导，制订名牌发展和培育规划，充分发挥行业协会和社会中介在实施名牌战略中的作用，提高专业化服务水平。

三是努力营造有利于自主品牌成长发展的环境。加大打击假冒伪劣产品和保护自主知识产权的力度，营造公平竞争的市场环境。通过政府采购、贴息和信贷支持等方式，支持自主品牌企业的成长壮大。在合资合作以及对国内企业和品牌的并购过程中，防止外资企业的恶意收购。

四是建立和强化海外融资支持体系，支持企业联合在海外主销市场建立物流中心、分销中心等营销网络。

（二）要素政策的调整

要实现产业政策升级和经济发展方式的转变，提升要素禀赋是基本前提。随着我国工业化水平的提高和经济社会的发展，与过去相比，劳动力拥有更多的知识和技能，产业资本拥有较强的生产能力和产业配套能力。但是，这些能力还只是呈现增加的趋势，如何形成经济社会的主导要素，还需要政府着力推动。其调整主要是适应竞争重心变化和成本上升的要求，着力培育人力资本和技术能力，形成新的竞争优势和比较优势。

随着我国工业化水平的提高，未来竞争重点必将由以成本价格和生产率为中心向质量、服务、品牌和响应速度为中心的转变，由以低价格竞争为主向追求更高价值转变。政策重心也应该与此相适应，应清理各地方招商引资政策，改变竞相降低要素价格的政策优惠，着力培养技术能力、人力资本、营销能力和品牌化能力、网络化能力等后天优势。

一是把促进和提高自主创新能力落到实处。这是培育和提升动态比较优势的重要依托。重点突出发挥企业和科研院所等创新主体的积极性，推进产学研合作体系建设。把研发投入进行税前抵扣，重点支持企业创新。打破行业、地区、所有制及军用民用的界限，发挥全社会的技术优势，实现科技与经济、科研与生产的紧密结合。同时，积极引导自主开发企业充分利用国际人才和技术资源。鼓励企业在全球范围内寻求提高资源效率的机会，通过与国际技术机构开展技术合作而到发达国家设立研发机构和实验室等方式，引进、消化、吸收更高档次的技术和开发更前沿技术，开展面向国际市场的适应性开发和海外市场认证，构建全球研发体系。

二是注重产业升级和技术进步的方向性，着力支持功能升级。要注意技术进步的方向性。强化比较优势的技术进步有可能导致贸易条件恶化，因而不应是政策支持的方向。政策支持应着眼于功能升级对改善我国市场势力和贸易条件的积极作用，把新产品研发、价值链提升等方面的技术创新作为科技投入支持的重点。

三是高度重视共用技术研究和公共平台的建设，完善产业技术供给体系，增强产业共性技术、关键技术开发及工程化能力。加大国家科技计划和国家科学基金对共性技术和关键技术研究开发活动的支持力度，针对重点产业领域整合国内大学和科研院所的科技资源，成立专门机构和组建专门队伍，创建产业共性技术创新平台，积极开展共用技术研究，提高产业关键技术和共性技术水平，为企业自主研发产品提供基础服务。针对我国现阶段共性技术研发机制缺失的状况，应通过政府采购和政策支持、组织和支持建立产业技术联盟等多种方式，支持行业共性技术、关键技术的研发和推广。要通过自主创新和技术水平的提升积极参与国际标准的制度。

四是强化对人力资本培育的针对性。人力资本是培育新的动态优势的重中之重。应创新教育及培训机制，鼓励大学、科研机构与企业联合建立高级技术人才培养基地，促进科研机构与高等院校在创新人才培养方面合作以实现教育资源共享。着眼于关键环节，增强对研发、设计、营销、供应链管理、金融服务、咨询等专业人才培育，引进国外成熟的培训体系和教育资源。积极支持企业从国外引进高层次的技术和管理人才，特别是各专业紧缺人才。加大对农村剩余劳动力和下岗职工、转业职工的职业培训，尤其是强化对失地农民的培训支持。同时，要大力宣传，改善合法经营的职业企业家、领军型企业家形成的环境。

五是把技术外取作为重要的技术来源渠道之一。技术外取是发展中国家利用全球资源来快速提高技术能力的重要途径。应支持企业在发达国家设立信息收集和研发机构，跟踪外国同行的技术发展动态，即时地掌握技术发展、相关研发型企业和专门人才的最新信息，以此作为撬动国外技术和实现跨越式发展的重要途径。

（三）创新体制机制，完善外部环境

实施突破关键环节战略和促进产业转型升级的关键是要建立相适宜的体制机制，建立健全满足关键环节和生产性服务业发展要求的投融资体系、评估体系和监管体系以及与主要依靠非价格竞争相适宜的制度环境。为推动技术创新、制度创新、品牌培育等领域提供更多的外部支持，在技术能力、响应速度和市场势力等方面实现产业链的高效整合。

在过去，我国建立起了适应以要素投入驱动和成本价格竞争的体制机制，有力地促进了我国以数量扩张为主的经济增长。然而，这一体制机制对未来追求以品牌、质量和服务进行竞争形成明显制约。创新体制机制，应从改变考核机制，强化对知识产权、人力资本的保护等方面着手。

1. 加快政府职能转变，完善市场体系

现阶段与传统工业化道路相配套的体制还在发挥主要作用，而与提高技术、知识等无形资产贡献相适应的制度环境尚未健全，这已经成为我国产业结构优化升级、促进经济发展方式转变的制约因素。为此，需要加快推进体制机制创新，为转变发展方式提供制度保障。

其一，通过财税体制的调整、改变考核机制和健全绩效评价指标体系以及改善企业外部环境等多种措施，鼓励和促进企业之间的竞争由成本价格竞争向质量、差异化、品牌和响应速度等非价格竞争转变。只有通过财税体制改革，才能扭转地方政府"土地财政"的状况。只有通过财税体制改革和改变政绩考核中片面追求经济增长速度的状况，才能从源

头上改变政府过度干预资源配置的行为。

其二，界定和规范政府投资的领域和范围，进一步强化市场配置资源的基础作用，增强政府的公共服务功能。大幅度削减行政审批项目，简化和合并审批手续，将政府职能从市场准入规则的制定者和审批者转换到为市场主体服务和创造良好发展环境上来。发挥政府投资对社会投资的引导和带动作用，避免政府投资与民争利和对市场竞争的干预。加强事前科学评审和事后问责制度，杜绝或减少体现政绩的面子工程投资和一味追求规模的过度投资以及不考虑自身资源的同质化投资等政府投资行为。

其三，强化对人力资本和知识产权的保护力度，从战略的高度强化知识产权保护，建立有利于人力资本、知识产权等软性要素积累和形成的体制机制及政策环境。这是提升比较优势的基本要求。企业应强化申请专利、保护创新成果的意识。国家应强化知识产权保护，加强对侵犯知识产权的打击力度，加大对海外知识产权注册的支持力度。建立和完善知识产权交易市场，促进技术成果流通。健全科技成果等无形资产的评估体系和融资方式。

其四，建立健全服务评价和标准体系以及征信体系，强化全社会的信用意识。建立与生产性服务业相适宜的制度和规范，应大力推进标准体系建设，尤其是制定各类服务评价标准，建立评估机构，强化对品牌和知识产权的保护，加快建立和健全诚信体系和质量监督体系。加大对失信企业的惩罚力度，提高失信成本。做好细致的服务工作，对信誉良好的名牌产品实行出口免检和便捷通关。

其五，服务需求不同于一般商品的需求，通常还包含着一定的社会观念和意识形态方面的内涵。传统观念的落后和陈旧意识形态的影响对我国服务业的发展也形成一定的制约作用。因此，在当代社会对服务需求应在法律的框架下，通过分类管理和强化监督，包容服务需求的多元化、多层次化，树立包容发展、包容消费理念，改善服务消费环境。

2. 建立与有利于突破关键环节相适宜的产业发展机制

一是针对服务业是个性化、特色化、智能化和知识密集化的行业，比制造业更需要制度和规范，应强化对品牌和知识产权的保护，加快建立和健全诚信体系、质量监督体系以及生产性服务评价标准和评估机构。

二是加快金融、铁路、电力、电信、民航、港口等垄断行业的改革，放宽市场准入和投资限制。尤其是要加强金融创新并完善金融监管，建立与创新型企业和生产性服务业相适应的投融资机制。围绕服务高技术企业和中小企业，提供与之相适宜的金融产品。

三是打破部门封锁，强化部门之间的协调，扫清部门融合或跨部门协作的制度障碍。

四是加强公共服务体系建设。支持建立检测、检验、信息发布与处理等公共服务平台，提高为高新技术企业和中小企业服务的能力。

五是将研发、设计、创意等技术服务企业认定为高新技术企业，享受相应的高新技术企业优惠政策。改变部分地区服务业在用地、用水、用气、用电等要素供给方面的不平等待遇。

3. 建立过剩产能正常退出机制

产能过剩被作为产业结构调整的重要议题。但是，实际上产能过剩问题很复杂，要看是什么时候产能过剩和什么样的产能过剩，还要看针对怎样的市场过剩以及是什么原因导致的产能过剩。为什么有人认为存在产能过剩的条件下还有那么多企业进入？其一，有可能没有产能过剩，人们所说的产能过剩只不过是与想象中的需求相比的。其二，产能的形成是企业根据市场信号做出反应的结果，关键是"市场信号"是否准确。由于进入门槛低，尤其是人为地降低了相关成本，使得企业在可以在开工率低于正常水平的情况下生存。其三，适当的产能过剩是促进产业结构调整的重要动力，具有先进生产水平的产能需要针对未来需求不断增加，产能会有可能高于目前的需求规模，过时的产能是多余的和需要真正淘汰的产能。其四，产能过剩是针对国内市场的产能过剩还是针对国际市场的产能过剩？对比较优势下降的行业，过剩的产能是需要淘汰或者转移的，而对于比较优势上升的行业，是如何提高其国际竞争力和走向国际市场来释放其过多的产能的问题。其五，这还需要用动态的眼光来考察，对增长性行业，过剩也是正常的，而衰退性行业产能过剩是要处理的。但是，总的来看，企业比政府更能判断是否产能过剩或哪些产能过剩，并对因此产生的误判而负责。因此，针对产能过剩，政府应选好着力点，关键是严格制定和执行有关环境和技术等方面的准入标准，建立健全优胜劣汰机制。对于那些政府和企业达成共识的产能过剩行业，从再就业培训支持和再就业补助、设备淘汰补助、税收等方面，建立过剩产能正常退出机制。

（四）产业结构政策

1. 增加产业政策的多样性，进行分类指导

产业政策是一个综合性的政策，而不是单纯的贸易政策。培育产业动态比较优势，并不是政策支持重点简单地从一个行业转移到另外一个行业，而应根据不同行业的发展阶段和比较优势的变化，制定不同的政策。在全球化条件下，国别之间的分工呈现出由产业之间和行业之间的分工向行业内、产品内分工演变的趋势。培育产业动态比较优势，并不是仅仅单纯地培育动态比较优势行业，还应从产业链和价值链的角度，培育体现动态比较优势要素的环节。

一是既有比较优势部门。如纺织、服装等劳动密集型行业价格竞争十分惨烈，因而部分企业的创新能力也在逐步提高，应重点支持这类行业提高研发设计水平，培育品牌，促进由成本价格竞争为主向以产品多样化和设计、服务、品牌等差别化竞争和功能提升为主的转变，缓解贸易条件的进一步恶化。同时，应把建立海外营销网络作为提升该类行业国际竞争地位的重要方面，在融资、通关等方面进行政策支持。

二是具有动态比较优势的产业。它们正在或者即将成为我国出口的重点行业，应在促进提高生产率、降低出口的交易成本、支持开拓海外市场等方面提供政策支持。其中，通信设备、电子、电器机械等行业已经成为出口的主导产业，政策重心是支持其研发设计和关键设备、关键部件的国内生产，提高其国际分工层级。普通机械、专业机械和钢铁、化纤等行业有国际竞争能力进一步提高的潜力。前者主要是强化研发、设计和关键部件等环节；后者应在提高环境标准、强化节能减排的前提下，提高其产品档次和"走出去"。

三是一直处于比较劣势而地位重要的行业。如医药制造、高端装备以及关键部件、关

键设备、关键材料等，应以适度的市场保护和投入支持为重点，并着力提高开放设计水平，强化供应链管理，着力提升分工层级，支持进行战略性进入，提高国际竞争能力，打破海外垄断，形成有利于我国国民福利的市场结构，改善贸易条件。对石油加工业和造纸及纸制品业、有色金属冶炼及压延加工业，应通过强化技术创新，开发新产品和提高产品档次和质量，强化节能减排，提高其国际竞争能力。

四是通过制度创新推动服务业的发展。对生活性服务业应在法律的框架下，通过分类管理和强化监督，包容服务需求的多元化和多层次化，树立包容发展和包容消费理念，改善服务消费环境。应从知识产权保护、诚信体系建设和标准化推广等方面消除生产性服务业发展的障碍。

五是通过强化工业和服务业对农业的支撑能力，稳定农业基础。提高农产品加工能力和农药、种子、化肥等农业生产资料的国际竞争能力，缓解农业生产成本快速上升的压力。强化农业技术推广和技术服务，健全农业产前、产中和产后社会服务体系，完善流通组织与社会化服务，提高农产品存储、质量检测和监督水平，发展农业保险等措施，缓解农业小生产与大市场的矛盾，使得农业增产与增效同步，提高各方面发展农业的积极性。

2. 对战略性新兴产业制定系统的支持政策

发展战略性产业是国家长远利益的要求，既可以避免让人独占战略制高点，也可以在国际经济事务中能够拥有足够的发言权和处于有利的谈判地位。同时，不少战略性产业并不是完全竞争的，被少数国家所垄断。当然，并不是所有战略性产业都需要政府支持，对国内发展相对较快并处于主导或支柱地位的战略产业，主要是防止外资对行业排头兵企业的并购；而对于具有先导地位的战略性产业，需要制定系统的支持政策，抢占产业发展的制高点。同时，需要着力解决在国家提出加快发展新兴战略性产业以后所呈现的缺乏统筹规划、关键技术研究薄弱和市场培育滞后等问题。

一是发挥我国动员人力、物力和财力能力比较强的优势，通过财政、税收和金融支持等手段，组织相关企业和机构进行协作攻关，抢占行业制高点。

二是加快制订新兴战略性产业的规划，统筹谋划，并从生产、流通、消费各个环节加以引导，从科技研发、示范推广、产业化全过程加以推动，促进相关技术的应用和扩散。

三是着眼于产业的发展，加快建立技术标准、产品标准、准入标准，积极培育市场，从政府采购、应用环境、竞争环境、资金、技术等方面进行支持。

3. 注重产业政策、贸易政策和区域政策之间的协调

一是外贸政策重心要切实从以推进出口增长为主向以转变外贸发展方式为主转变。为促进战略性新兴产业的发展和培育新的优势产业，各级政府以补贴或其他手段进行支持，但也给未来企业面对国际竞争带来了隐患。再加上企业以价格竞争为主的战略，使得我国不但成为世界遭受反倾销最多的国家，而且也正在成为反补贴重灾区。培育我国动态比较优势，应研究与 WTO 规则相适应的政策支持方式，重点支持专业教育培训、研发、平台建设、共性技术研发支持、网络建设、专利申请补助等功能性政策。对产业化的支持由直接支持向间接支持转变，比如加大研究与开发的支持力度以及对专利和其他软技术购买的

补贴，支持产学研合作，组建开发联合体或技术联盟，大力发展风险投资和孵化器等。对那些具有可诉性和不可诉性双重特点的补贴，如对环保设备、技术进步政策，应该强化其中的不可诉内容；对非绿灯补贴范围的补贴形式，将"明文政策"补贴改为一事一议的事实上的补贴。与此同时，随着我国生产水平和国际竞争能力提高，人民币汇率形成机制改革成为必然。但在继续推进人民币升值之前，应先理顺国内的各种要素价格，让各种要素价格体现其应有的价值。否则在人民币升值到位以后，再提高要素价格，将严重威胁我国产业竞争力。要完善招商引资政策，完善要素市场价格形成机制，加快理顺要素市场价格，让土地、能源、环境、环境等反映正常成本，尤其应使工人工资和福利保持在具有扩大再生产能力的水平。

二是针对发达国家、发展中国家不同的比较优势，实施差异化竞争战略。向发展中国家的出口应顺应贸易条件改善的方向，扩大出口规模，为我国正在形成的劳动密集型产业的自主品牌产品提供市场。同时，扩大那些中间要素密集型行业进入这些国家，开拓市场。探索通过国家层面的合作，建立海外经贸合作区，促使我国比较优势衰退的产业进行转移。对发达国家出口应着力改变产品结构，增加出口种类，培育自主品牌，改变单纯依靠价格竞争的状况。

三是顺应产品生命周期规律和利用区域发展差异，促进产业转移，延长产业生命周期。我国区域差异很大，随着发达地区的比较优势变化和产业结构升级，其原有的产业结构和贸易结构类型虽然在本地区失去了竞争力，但为欠发达地区提供了产业转移的基础。一方面，应该出台政策防止简单的落后生产能力的转移，另一方面，应该鼓励发达地区外移企业采用先进或适宜的技术，与欠发达地区的实际情况有机结合，提高欠发达地区经济发展的综合竞争力和发展的可持续性，延长产品生命周期。物流成本高、产业基础薄弱、配套能力差是制约中西部地区承接转移的重要障碍，因而政府应加大对公路建设的投入，降低公路收费标准，减少收费站点，调整不合理的收付期限。同时，要培养中西部地区产业配套能力，强化承接产业转移的基础。

（五）产业组织政策

1. 适应国内外竞争的要求，形成有效竞争的市场结构

从提高国民福利的角度出发，既要解决制造行业过度竞争和集中度不够的问题，也要解决一些服务行业的垄断性问题，实施"内外有别"的方针，促进有效竞争。对外，要尽量打破跨国公司的垄断，实施战略性进入及提高产业集中度，努力形成与跨国公司相抗衡的能力；对内，要促进形成经济规模和适度竞争。

一是要推进服务行业的改革攻坚，加快银行、保险、铁路、民航、邮政、电信等领域改革开放的步伐，凡是允许外资进入的行业和领域，都允许民营资本进入，并放宽股权比例限制。

二是通过集中化、集团化提高我国市场势力。对于钢铁、石化、汽车、船舶等规模经济效益显著的行业，推进跨地区兼并重组，促进规模化，提高产业集中度。对于新能源、电子信息、生物医药等新兴产业，重点激励大中小企业在研发、生产、市场和人才培养上

建立战略联盟，形成合力。培育和壮大一批具有总体设计、成套能力和系统服务功能的大型企业集团。

三是营造集群创新环境，打造面向中小企业的技术创新和服务的平台，引导、培育围绕集群主导产品的专业化市场，促成一大批专业分工明确、特色突出、技术能力和配套能力强的中小企业的发展壮大。

四是强化行业协会的协调能力和企业自律，规范市场行为，阻止恶性竞争。促进各种中介组织的发展，在协调市场行为、组织反倾销、反补贴以及应诉等行动中，充分发挥中介组织的特殊作用。

五是严格对外资并购的审核，要防止跨国公司对我国制造业排头兵企业和服务业关键领域的控制。行业排头兵企业是决定一个国家市场势力并保持与跨国公司进行竞争和形成比较有利的市场结构的重要力量。因此，在提高利用外资质量的同时，应从产业安全的角度，防止跨国公司对我国排头兵企业和服务业关键领域的控制。

2. 促进分工深化细化，支持产业集群发展

一是尽快改变信用制度缺失以及技术、品牌和分工深化得不到足够保护的状况，引导和鼓励大批中小型企业致力于为大企业提供产品配套服务，在专业化分工基础上培育出一批世界级零部件"小巨人"和专业化服务企业。

二是改善集群发展条件，促进产业集群升级。营造区域创新环境，增强集群的持续创新能力。支持打造面向中小企业的技术创新、检验检测和信息化等公共服务平台，积极发展围绕集群主导产品的专业化市场和会展服务，打造国家级甚至是国际知名产业集聚基地。

3. 大力促进国际化经营，支持建立以我为主的全球经营网络

一是拓宽国际化经营模式，建立稳定的资源供给体系。单纯就矿业开发而进行矿业开发，很容易引起东道国和国际社会的误解，把重化工原材料生产能力留在国内也容易加重产能过剩的矛盾。通过建立海外联合采矿、联合建厂加工的一体化项目合作机制，既可以满足自身的需求，也能促进东道国经济的发展和就业，有助于树立我国和谐国际关系的形象，促进从单纯的进口矿石原料向进口原料产品转变。这涉及从矿业、发电、基础设施到原材料加工等庞大的工程，而且也不是单个项目，还涉及东道国相关部门之间的协调，这是单个企业难以解决的，需要从国家层面通过国家之间的合作进行一揽子的设计和运作。比如设立海外合作基金，建立专门项目的国际合作机构，把上述项目上升到国家项目，开展能源资源外交等。

二是抓住国际金融危机对价格敏感性增加、对品牌敏感性减弱的机遇，积极建立国际营销网络，培育自主品牌，开辟多元化的海外市场。为此，需要国家加快制定政策，支持品牌经营，在主销市场建立物流中心和分销中心等营销网络。这可以通过国家层面的合作建立海外经贸合作区，推进我国比较优势下降的产业进行转移。

三是积极利用发达国家的创新资源。到发达国家创新聚焦地设立研发设计机构，提高技术实力，拓宽技术来源。

（六）树立新的消费理念、新的生活方式和新的生产方式

一方面，国际上对能源、资源的争夺将异常激烈；另一方面随着人们生活水平的提高，对能源、资源需求增多，而对环境的要求也越来越高。面对上述双重压力，缓解能源、资源矛盾，改善生态环境，不仅仅是生产方面的问题，更是消费理念和生活方式的问题。

一是树立新的资源观，对可再生资源和不可再生资源的开发利用制定不同的策略。对于可持续性资源的开发利用，搞好基地建设和布局，积极扩大规模；对于不可持续资源的开发利用，强调资源的保护性开发和综合利用。

二是积极推进传统产业的新型化。在生产过程中，大力推动清洁生产和绿色制造技术。提高环境准入、市场准入等相关标准，在有色、钢铁、化工、建材、煤炭、电力、纸浆造纸和食品等重点行业，淘汰污染严重、高耗能的落后工艺和装备，采用和推广无害、低害、废弃物回收处理的新工艺、新技术，提高资源利用和再利用效率，加强对工业污染的在线监控，加快建立生态环境保护建设的长效机制。按照"减量化、再使用、再循环"的原则，以产业链为纽带，从企业、园区、基地三个层次，发展循环经济，提高资源利用效率，减轻区域环境压力。

三是大力提倡新的消费理念和消费方式。既要让大家分享工业化的好处，也要积极宣传和倡导建立与可持续发展相适应的新的消费观念和消费方式，动员全社会参与发展循环经济和低碳经济。

第二节 部门结构调整中政策工具的使用

调整和优化部门结构，需要财政政策工具和货币政策工具的协调配合。

一、改革财税体制，完善金融服务

随着国内外经济形势的不断变化，我国的财政、金融体制也必须与时俱进，不断通过改革和创新加以完善。有效运用财政和金融手段是提振国内需求、促进经济发展的有效途径。通过健全财政及税收制度建设、加大财政转移支付力度和完善金融服务三个途径，能够达到扩大消费需求及调整部门结构的目的。

（一）完善税收制度建设

税收杠杆是各国政府宏观调控运用的基本手段，改革税收制度，完善税收体系建设，通过发挥税收对居民可支配收入及投资的调节作用，强化税收对部门结构的调控作用，才能促进经济均衡发展。因此，在部门结构失衡的经济形势下，政府应该深刻挖掘税收政策运用失灵的深层原因，充分运用相机抉择的税收政策对投资与消费加以调节。税收体制改

革,应着力从扩大消费需求、扩大消费需求方面着手:一是要建立健全促进农民增收的税收减免政策。在促进农民增收方面,要继续实行农业生产资料增值税退税和农业直补相结合的财税政策。对农业龙头企业中从事农产品深加工、种植业、养殖业、新农产品开发、新农技术及工艺研发的企业给予税收减免政策。对于农民从事非农产业经营的要给予税收优惠,充分发挥税收在改善农民收入与提升消费需求中的外部作用。二是对贫困群体及失业群体中自谋职业及自主创业的城镇下岗再就业人员给予较大的减税扶持力度,帮助这部分群体提高收入,同时鼓励并促进其自主就业,从各方面提高吸纳其他下岗失业人员再就业的能力。提高农民和贫困群体的可支配收入是拉动我国居民整体消费需求的关键。三是要完善个人所得税对提高收入和促进消费的调节作用。政府应切实根据各地区经济状况,实行不同的税基及弹性税率,提高个人所得税起征点,间接提高低收入者实际可支配收入水平,以提升其消费能力。在实施税收调节过程中,还应不断加强对高收入者个人所得税的征缴和管理,特别是对国有企业和国有金融企业高管人员的收入要加以监管和调节,缩小居民收入分配差距,适时开征财产税、遗产税等其他辅助税种,促进高收入群体及富裕阶层的即期消费增长。

优化投资结构方面:一是要提高环境税和资源税的税收比重。制定并实施能够促进循环经济发展的财税政策,建立健全支持生态建设和环境保护的财税机制。提高高能耗、高污染产品的增值税;对落后工艺、设备及高污染、高消耗的企业实施限制或惩罚性税收制度。二是要加大对高科技企业及战略新兴企业的税收扶持力度,促进高新技术及战略型企业的快速发展,以推动国民经济产业结构升级,实现产业结构优化及经济发展的双赢;同时,提高高新技术产业享受税收优惠的准入门槛,避免价值链低端企业的"搭车"现象。三是要调整增值税征税标准。增值税是我国税收的一个重要组成部分。对于收入规模较小的小微企业,可适当降低增值税征收比例;对于科技型中小企业、就业型中小企业、服务型中小企业、特殊型中小企业也应给予一定的增值税减免优惠。

调整税收职能方面:一是要调整好中央和地方政府的财税关系。中央与地方的财税关系,既是一个经济问题,也是一个涉及国家治理结构及中央与地方利益分配的政治问题。首先,在税率标准的确定上,应由中央根据各地经济情况,确定各地税率的幅度范围,地方政府在此基础上,进一步确定本地区的税率标准。二是要改进税收服务管理工作,明确各地区的税收执法尺度,在保障公平的前提下,更多地体现"扶贫、帮困、促增长"的原则;提高税收部门的工作效率,简化税收申报流程,为企业和个体经营者提供优质的纳税服务,降低纳税人的额外成本。三是强化税收过程的监督管理,避免行政执法人员滥用权责、随意调整税收比重等权力寻租行为,维护国家税收职能的严肃性和法律性,使税收职能更好地服务于社会经济发展。

(二)加大转移支付力度

财政转移支付也称财政转移支出,是指根据分级预算管理体系,调节上下级、同级预算主体之间的收支规模而使其达到均衡的一种财政资金转移行为。国家通过有效的财政转移支付手段,重新调整了省、市、县各级政府间不平衡的财政状况,缓解了地区间的居民收入分配差距。加大财政转移支付力度,应做好以下三方面工作:

一是提高转移支付中用于民生工作的支出比例。目前，我国地方间公共品服务还存在较大差异，因此，转移支付应从以人为本、注重民生的角度，以提供公共品和公共服务为主，重点提高偏远贫困地区公共品的投入比例，大力帮助中西部地区解决由于财力不足造成的公共服务能力不足的问题。继续提高教育支出在财政总支出中的比例；增加对环保、科技和农业的投入比重；扩大公共财政覆盖农村的范围，坚持"多予少取"，推进新农村建设，促进城乡协调发展。此外，财政转移支付还应提高社会保障、医疗卫生、低收入补助、防灾减灾、公共安全等民生方面的投入比重。二是明确中央和地方的财权与事权。进一步明确划分各级政府尤其是省级以下各级政府的事权和支出责任，特别是应尽快明确地方各级政府在义务教育、公共卫生、社会保障、基础设施建设等领域的支出责任。省一级财政同样要加大对基层的转移支付比例，从而促进基层政府提供公共服务的能力。解决转移支付名目多、比例小和转移支付运行不规范的问题，建立科学、公正和公开的转移支付制度。三是提高转移支付的科学性并进行有效监管。要加强转移支付资金管理及使用的公正性、公开性和透明性，逐步建立包括转移支付信息管理系统和转移支付公开等制度，使得地方政府能够将中央转移支付的项目和资金安排使用明细进行公开。与此同时，中央对地方一般性转移支付的确定，须根据各地的人口状况、地理位置、管辖面积的大小、气候条件和行政成本等各方面的因素进行详细的调研和计算，使得转移支付资金能够快速落到实处，强化资金使用效率。

（三）加强金融服务建设

首先，继续深化金融体制改革，健全金融服务领域的相关法律法规。建立健全现代金融服务体制机制是我国金融服务发展的基础。目前，我国银行、证券、保险等主要金融服务行业的服务能力、技术创新、资产质量等方面与国际水平还存在一定差距，金融服务产品的供给水平、服务效率和竞争能力亟待增强。与此同时，我国有必要加强金融服务行业的立法工作，完善金融法律框架，建立完善的市场经济运行法律体系。保障金融服务行业竞争的开展以及金融监管的有效实施都置于既定法律框架下进行。此外，还应该不断完善金融服务机构的监管体系，防范和控制各种金融风险，维护资金安全。营造金融市场公开、公平、有序竞争的环境，通过改进金融监管的方式和方法，强化金融监管的内外协调机制，提高金融监管水平，保护金融活动参与者的合法权益。

其次，大力发展小额信贷，为低收入阶层投资提供资金支持。小额信贷是一种小规模的以城乡低收入阶层为服务对象的金融服务方式，产生于20世纪60年代，最初目的是消除贫困和发展农业生产。小额信贷能够为贫困农户或微型企业提供金融服务，使他们获得一个自我创业和自我发展的机会，从而找到自我生存和发展的道路。这既是一种重要的扶贫方式，也是金融体系的一个创新。国家应给予更多政策倾斜来支持银行开展小额贷款的发放，通过小额信用贷款服务于个人或家庭为核心的投资主体，满足广大个体工商户、小作坊和小业主经营的资本需要。

再次，完善消费信贷服务，助力居民消费需求。随着城乡居民收入较快增长，我国中、低收入群体的消费潜能逐渐被激发，但是总体消费能力尚显不足，扩大消费信贷成为帮助居民实现消费需求、拉动我国内需的重要手段。由于我国消费信贷起步较晚，在运行中还存在不少障碍，未能发挥应有的作用。因此，应建立健全消费信贷体系，提升消费信贷服务水平，通过简化消费信贷申请流程、缩短申请时间、提高办理效率、明晰收费项目和规范操作程序，防范消费信贷风险，更好地为居民消费提供金融支持。此外，金融机构还应加大产品创新力度，开发多层次、个性化的消费信贷产品。随着社会进步，居民收入不断增长，消费者消费观念不断更新，除了住房、汽车等消费信贷产品，还会产生更多的信贷需求，亟待开发出如教育、医疗、生活消费等符合居民需求的消费信贷产品。同时，发挥保险对消费信贷的保障作用，以满足居民消费欲望的实现，进一步引导和鼓励居民消费。

最后，健全民间资本借贷制度，拓宽小微企业融资渠道。政府应着力研究制定支持小微型企业发展的各项鼓励政策和措施，解决小微企业的融资困难，促进小微企业的投资增长。因此，要尽快建立健全民间资本借贷的相关制度体系，关注各类非公金融组织的发展。这样就能在一定程度上解决了民间资本的出路，同时也有利于打破垄断，激发市场活力，进而促进民间投资的快速增长。在完善制度的同时，做好民间金融租赁公司、创业投资基金等一些非银行金融机构的监管工作，满足广大中小企业特别是高新技术企业的融资需要，为存在资金链条紧张甚至断裂问题的小微企业提供完善的资金支持。

二、优化投资结构，提高投资效率

扩大内需包括扩大投资需求和消费需求。要把重点放在投资结构的调整上，使投资进一步向保障和改善民生倾斜。

（一）加大投资力度

首先，要加大偏远贫困地区民生领域的投资力度，缩小地区差距，夯实发展基础。我国对民生领域的投资远低于世界平均水平，尤其是对偏远贫困地区的民生投资更是严重匮乏。因此，加大投资力度，前提是将资本分配到最需要的地区和项目上，解决困难群众的生活需求，才能缩小地区差异，改善困难群众的生活状况。

其次，加大战略型新兴产业的投资力度，引领经济发展，促进结构升级。战略新兴产业是指以高技术含量和潜在消费需求为基础的资源消耗少、成长潜力大、综合效益好的产业。加大对战略新兴产业的投资，必须坚持政府引导为主，科技创新与实现产业化相结合，加大投入力度，把战略性新兴产业培育成为国民经济的先导产业和支柱产业。加快发展文化产业，推动文化产业成为国民经济支柱性产业，促进国民消费总量提升与消费结构的优化升级。

最后，加大对科技研发及高端人才培养的投资力度，提高竞争能力，保证发展后劲。我国基础研究和应用研究的支出比重偏低，与发达国家相比差距更加明显，存在增加投入的迫切需要。科学技术研究开发经费投入数量是衡量一国科技投入的重要指标，也是提高科技竞争力的前提条件。因此，应建立健全多元化、多渠道、高效率的科技投入体系，引导地方政府、社会组织增加科技投入。此外，人才资源是一种可持续开发、最有潜力、最可依靠的资源，也是发达国家长期保持经济、科技领先的重要原因。为了最大限度地培养人才和发挥人才的作用，更好地引领和服务我国经济社会发展，还应加大对高端人才、紧缺专门人才、创新创业人才的培养、引进、资助及激励，并且加大综合配套服务等环节的投入力度，加大包括职业教育、高技能人才培养在内的资金投入，从而为我国培养大批高技能人才提供有力的经费保障。

（二）调整投资结构

投资结构是指在一定时期内投资总量中各要素的构成及其数量的比例关系，它是经济结构中的一个重要方面，合理的投资结构可以实现投资效益最大化。我国投资结构存在着投资主体单一、关键性产业投资不足、基础设施投资不到位等结构失衡问题，这些问题严重影响着我国财政资金的分配、产业结构的升级和投资效率的提高。因此，在提升投资总量的前提下调整我国投资结构是解决我国内需结构失衡的根本途径。一方面，加强政策引导，形成多元化投资主体。近年来，我国企业和民间投资比重虽然呈现逐年上升的态势，但从资本形成总额的构成来看，政府投资仍然占主导地位。政府投资虽然拉动了经济快速增长，但是财政资金的日益紧张也使得继续依靠政府投资拉动经济的局面难以为继。因此，将政府投资的引导作用与发挥民间投资的积极性有机结合起来，形成多元化投资主体，才能改善我国经济内生性增长动力不足的发展趋势。形成多元化投资主体，要加强对市场自主投资主体的鼓励和政策引导，支持民间资本投向政府鼓励的项目和符合国家产业政策的领域，大力引导民间资本进入公路、水运、机场、电力、电信等基础产业和基础设施领域，广泛参与民生工程的投资；同时，出台配套性鼓励政策，从财政、金融、税收等方面给予配套支持，解决国家单纯依靠财政手段集中拨付资金的紧张局面，最大限度提高社会积累资金的使用效率。另一方面，以产业结构升级为目的，调整投资重点。优化投资结构是产业结构升级的前提，投资结构决定产业结构，优化投资结构应将投资的重点放在高新技术产业、服务业以及消费转化效应较大的教育、文化、旅游、保健等领域。与发达国家相比，我国高新技术产业相对落后，产品自主创新能力不足，缺乏核心技术支撑，产品的技术含量和附加值较低。随着科学技术的发展，应将投资重点集中于以核心技术创新为驱动的产业项目上，促使投资由劳动密集型产业向资本、技术、知识密集型产业转化，提高产业竞争力；促使投资重点向以第三产业为主转换。通过投资教育文化、休闲旅游、医疗保健等产业，满足消费者高层次的消费需求，以期达到通过投资拉动社会消费、促进经济良性循环的目标。

（三）加强投资监管

随着我国投资主体多元化趋势日益明显，国内投资需求呈现不断增长的态势。然而在大规模投资助力经济增长的同时，由于政府投资渠道不一、监管体系不健全、相关法律法规不完善等原因，出现了投资结构不合理、投资项目质量较低、重复性低效投资等问题，我国投资监管体系亟待完善。首先，充分做好投资项目的前期调研及论证工作。我国投资项目超计划投资现象较为严重，在一定程度上造成了财政资金的低效使用和国有资产的流失。与此同时，对于一部分投资风险较大的重大政府投资项目，如果项目决策不科学，也将带来严重的经济损失和一系列负面影响。因此，投资前期做好市场调研、成本预算、项目发展前景、投资收益回报以及项目可行性论证极为重要，坚决杜绝盲目投资和低水平重复建设，努力提高投资效率。此外，相关管理部门要完善制度，加强管理，提高资金的使用效益。对每一项经费的使用，都要精打细算，要充分评估论证，科学管理，确保发挥资本投入的最大效用。其次，加强产业政策和行业规划的指导与解读，制定合理的市场准入标准，并严格加以执行。一方面，严格限制对产能过剩及粗放型增长行业进行投资，进一步优化投资结构，避免造成资源浪费、环境破坏和导致整个生态系统严重失衡的状况出现。另一方面，严格控制新上项目，防止重复建设。对于一些项目，如果不符合产业政策或行业准入标准、不按规定履行相应核准或许可手续而擅自开工的，应该停止其建设。最后，建立政府投资审批决策责任追究制度。长期以来，政府投资一直是我国经济社会建设的主要形式之一，但是也有相当部分投资项目存在严重的问题。这些问题由于存在着多部门的交叉管理，缺乏协调配合，导致责任不明晰，一旦出现投资重大失误，相关机构和责任人难以确定。因此，应在项目投产前即明确项目的立项、审批、决策、监管等各环节的责任范围和对责任主体的追究方式，并对前期项目论证部门的咨询、设计、监理等单位和个人的责任予以明确。此外，审批、管理、监督等政府部门和相关人员也要层层明确责任。对于给国家、集体造成重大经济损失或严重后果和不良影响的，要层层追究相关人员的责任，首先是责任领导和直接责任人，其次是相关部门和单位的主要领导，如果构成犯罪的还应该依法追究刑事责任。通过建立相互制约的责任人追究制度，加大公众监督力度，才能保障投资项目合理有序运行。

三、扩大消费需求，提高消费质量

（一）培育消费热点

消费热点是市场经济条件下某种商品和服务在一定时期内为大多数消费者认同而成为占据主导地位的消费客体的一种经济现象。在经济繁荣时期，消费热点会自发形成，而在经济不振或者是亟待提升消费需求的时期，消费热点就必须依靠政策引导，从而刺激和带动经济复苏。消费热点可以刺激市场需求的持续增长，从而促进生产规模的扩大、消费质量的优化和消费结构的升级。当某一消费热点形成后，这种商品的市场需求就会急剧扩大，从而推动资本和其他社会经济资源向生产该商品的产业转移。这样，消费热点就成为拉动特定产业部门发展从而拉动整个国民经济发展的风向标。培育消费热点应从以下几方面入手。首先，培育消费热点要注重其文化内涵。在注重提高物质文明的基础上相应地发展精神文明，以此作为消费热点才符合提升消费质量的本质要求。其次，培育消费热点要考察消费客体的生命周期。生命周期较长的产品，具有持续增加市场需求的能力，可以在较长时间促进市场繁荣，带动投资增长，在其进入常规消费阶段后，仍具有稳定的消费需求，有利于经济的稳定运行。再次，消费热点的培育应考虑其消费关联度。消费热点对经济增长的促进作用较大，如果能够选择关联效应较大的产品或服务，更可以促进其相关部门生产的增长，进而可以带动一系列产业或地区经济的持续增长。最后，培育消费热点应注意将主导性消费热点和多极化消费热点相结合。由于存在收入水平的差异性、消费习惯的多样性和消费水平的多层次性，要把大多数消费者的消费能力都集中到一个消费热点上是不现实的。因此，要注重以主导型消费热点与多极化消费热点紧密结合，共同提高消费需求。此外，政府还应在培育消费热点的同时，集中力量做好政策扶持，利用价格政策、消费信贷政策、税收优惠政策、产业倾斜政策以及在舆论上对消费热点给予鼓励与引导。目前，我国城乡居民消费仍有很大的增长空间，如果能对市场充分挖潜，引导节能环保、生态旅游、文化教育等产业发展，形成一批文化层次高、关联度强、可持续发展的消费热点，将会长期提升我国的消费需求，增强我国经济发展的内生动力。

（二）提升消费层次

为了满足消费需要的不同层次，可以将消费分为三个等级，即生存资料、发展资料与享受资料。生存资料的消费是最基本和较低层次的消费，主要用来维持简单再生产所需的劳动力的正常生活需要；发展资料是消费的较高层次，主要用于提高劳动者的生活质量，是在满足生存资料的基础上进一步提高劳动者的劳动技能和进一步发展的消费。消费层次的提升有利于倒逼和激励消费结构升级，进而促进投资结构的优化升级。因此，在优化我国部门结构、扩大国内需求的时期，应着力引导各个消费群体提升消费层次。

（三）改善消费环境

所谓消费环境是指消费者在消费领域面临的有一定影响的、外在的、客观的基本条件。狭义上的消费环境是指消费硬件环境及配套设施条件；广义的消费环境是包括消费的文化环境和消费的法制环境。消费的文化环境具体体现在生产者及消费者的价值观、消费习惯和道德规范对消费的影响上。消费的法制环境则是指企业运行、消费品生产企业的竞争、消费安全、消费者权益保障等对消费行为产生外部影响的环境。因此，改善消费环境要同时维护好消费的"硬件"环境和"软件"环境。在我国消费硬件环境上，存在着公共品投入不足和配套设施不健全的现状；同时，消费软环境不断恶化，侵害消费者权益的事件层出不穷和屡禁不止。这些消费问题已经成为不容忽视的事实，身处如此恶劣的消费环境中，消费者的消费信心深受影响，消费总量增加和消费升级受到严重制约。这与转变经济发展方式、拉动消费的大环境背道而驰。改善消费环境应从以下四个环节入手。

一是加大对消费硬件环境的投入，积极改造和优化消费环境中的硬件设施。政府直接对消费环境投资的同时，还应积极加强对民间商业投融资活动的引导。城乡商业网点的选择既要科学规划、合理布局，同时还要加强对乡镇及农村地区消费硬件设施的建设和改造，避免消费需求受到消费硬件环境不足的制约。

二是建立健全消费的法制环境，继续整顿和规范消费秩序，使广大消费者放心、大胆地安全消费，提高现实消费率。这就要继续大力开展宣传教育活动，为消费者营造安全放心的消费环境。其具体实施方式应注意：利用多种媒体和组织形式宣传有关国家政令、法规；加强企业诚信标准，提高行业公信度，抵制商家的错误引导，营造良好的消费环境；建立良好的社会信用机制，打击制假售假的行为，为消费者创造安全的消费环境。

三是倡导健康、文明、道德的消费方式，加强消费行为道德规范的制度建设。对此应倡导公民遵守社会公德意识，倡导诚实守信的商业伦理行为，增强其消费的道德责任感；坚决摒弃和消除违法、不道德及非理性消费行为对消费环境的损害。此外，还应节约消费资源，增强消费者的节约意识、环保意识和可持续消费意识，减少消费对自然和生态环境的负面影响，倡导人与自然和谐相处。

四是强化消费者维权意识，保护消费者的消费权益。国家应及早建立鼓励消费者维权投诉的政策，降低消费者维权成本，建立消费者赔偿制度。将最低赔偿金制度纳入法律体系，制度要体现对消费者有保障性，对侵权者有惩戒性，对其他经营者有警示性。只有理顺消费秩序和提升消费动力并营造可信赖的消费环境，才能让消费者放心消费；只有改善了消费环境而减少人们的消费风险和消除消费恐惧以及不断化解影响消费环境形成的矛盾之后，才能创造和谐的消费环境和提高消费者的消费水平。

四、增加居民收入，提升消费能力

（一）调整收入分配格局

国民收入的分配格局是指国民收入在政府部门、企业和居民之间的分配比例。从宏观角度看，我国收入分配领域存在的问题主要表现在居民收入在国民收入初次分配中所占比重严重偏低和劳动作为生产要素在初次分配中所占比重严重偏低，这已成为我国投资率居高不下、难以启动居民消费的症结所在。扩大居民消费是扩大内需的重点，根本举措是提高居民收入在国民收入分配中的比重和劳动报酬在初次分配中的比重。从微观角度看，我国不同消费群体面临的消费困境不同。对于低收入者来说，他们的消费倾向高但缺乏真正的购买力；对于高收入者来说，他们的购买能力较强但消费倾向偏低。因此，调整我国部门结构，在保持投资适度增长的同时，着力增强消费对经济增长的拉动作用，前提就是要加大力度调整国民收入分配结构。一方面，逐步提高居民收入在国民收入分配中所占的份额以及劳动报酬在初次分配中所占的比例，使居民收入增长不低于经济增长速度，使劳动报酬增长甚至略高于经济增长和企业收入增长的速度和幅度，逐步提高扶贫水平和最低工资标准，建立企业职工工资正常增长机制和支付保障机制，实现居民收入增长和经济发展同步以及劳动报酬增长和劳动生产率提高同步。另一方面，逐步缩小居民收入分配差距，加大劳动在各种生产要素按贡献参与分配中所占的比例，调整企业管理层薪酬分配制度，调控垄断行业的收入水平；以增加中、低收入居民收入水平为重点，努力增加低收入者的收入，提高中、低收入居民收入的比重，扩大中等收入人群的比例，促进收入分配结构日趋合理化。

（二）增加城镇居民收入

近年来，我国经济总量持续快速增长，但是城乡居民收入平均增长速度缓慢，不但低于经济的增长速度，而且远远低于政府和企业收入的增长速度，所以扩大居民消费需求必须着力增加城乡居民的收入。

首先，完善职工工资的增长机制。推动机关事业单位工资制度改革，完善机关事业单位人员的工资正常增长机制，根据国家经济发展情况，定期调整工资标准。对私营企业工资进行指导和监管，避免私营企业管理者随意制定普通工人的劳动所得标准，维护劳动者的基本权益。通过提高农、林、牧、渔等传统事业单位人员各类补贴、提高最低工资标准等举措,带动工资性收入整体上升。此外,还应不断提高农村转移劳动者的工资水平,切实解决农民工资偏低问题,建立农民工工资支付保障机制。

其次,推进转移性收入稳步增长,加大对低收入群体的转移支付力度。提高企业退休人员的基本养老金水平,提高失业人员的救助标准,调高城市最低生活保障标准,增加优抚对象的生活补助额度,切实保障低收入群体的基本生活水平。在此基础上,还应建立健全补贴机制,完善补贴制度和经费来源制度,实现补贴的规范化,使低收入群体能够分享经济改革和社会发展的成果。

最后,拓宽城镇居民收入来源渠道。增加城镇居民收入,应进一步扩大居民的收入渠道,引导居民扩大财产性投资和增加经营性收入,促使城镇居民收入进一步增加。通过鼓励城镇居民自主创业、就业,从准入政策、融资、技术、税负等方面给予扶持,增加城镇居民从事经营的积极性,这不仅可以提高经营者的收入,还可以为社会提供更多的就业岗位,带动更多的居民就业,使之成为城镇居民收入增长的重要渠道和来源。同时,积极引导和鼓励居民将各类中长期储蓄转化为各类投资,大力培育专业理财机构,发展个人金融理财业务,并制定相应政策,激发群众的投资热情,增强人们投资理财的意识,确保居民现有财产保值、增值,促进城镇居民持续增收。

(三)促进农民收入增长

农民收入增加缓慢是我国居民收入分配领域中最为突出的问题,它已成为制约国内消费需求增长的主要因素。若不采取有针对性的措施促进农民收入增长,国内消费需求启动将难以实现。

一方面,要加大对"三农"的财政支持力度。这就要求,加大各级政府对农业和农村投入力度,扩大公共财政覆盖范围,健全财政支农的稳定增长机制,改善农民生产、经营环境,千方百计提高农民收入;加大对粮食主产区的扶持力度,增加对农民的直接补贴;大幅度增加农资综合直补、良种补贴和农机工具设备购置补贴;制定好农产品生产经营风险基金政策,提高农产品最低收购价格;加大财政对农业科研的投入,实施科教兴农、科技成果转化和科技产业化,建立农业科研创新体系;加大财政对乡镇企业的扶持力度,并从融资、人才交流、信息交流、投资政策和税收政策等方面给予乡镇企业必要的支持,使乡镇企业具备良好的发展环境,为农村居民从乡镇企业获得较好收入创造条件。

另一方面,要完善政策、技术、融资、培训等组织引导措施。这就要求,要以建设社会主义新农村为契机,通过搞好信息服务,充分用足、用好国家的惠农政策;针对农产品市场供大于求和农民增产不增收的问题,加速农产品加工业的科技进步;充分挖掘农业内部增收潜力,指导农民扩大养殖、园艺和绿色食品的生产经营;积极发展农村信贷,支持产业发展,鼓励引进龙头企业带动发展;加大力度做好农民的科技培训,整合技术力量,通过组织农民到外地参观、学习、培训,努力提高农民的实用技术水平。切实把工作重点转到对农户和各类经济主体进行示范引导、提供政策服务以及营造发展环境上来,努力增加农民收入。此外,还应加快农村经济结构调整升级。对农业和农村经济结构进行战略性调整是增加农民收入的根本途径。农业和农村经济结构调整要面向市场。调整乡镇企业的生产结构与组织结构就是要通过提高乡镇企业的素质和竞争力等途径改造和发展乡镇企业。农业发展要以优化品种、提高质量、增加经济效益为中心，提高农产品加工水平和效益，完善农业产业化经营。还要发展特色农业、高效农业，加强依靠龙头企业带动农产品加工基地的建设，大力发展农产品的精深加工，提高农产品附加值。对此，要加速发展高科技农业、高价值含量的农产品，实现农业现代化，积极参与国际竞争，努力扩大农产品在国际市场中的份额，提高农民收入。

第三节 区域结构调整中政策工具的使用

从发展角度看，区域产业政策和财政政策对区域经济发展方向起到主要调控作用，而运用适度差别化的货币政策工具则对区域经济发展速度和稳定性的调控起到主要作用，尤其对促进发展的可持续性和防止某些领域畸形发展并最终实现区域和整体经济的均衡发展有着特别的意义。

由此，运用区域产业政策、财政政策及其他经济政策调整区域产业结构，必须注重和坚持调整战略的全局性，尽可能避免因区域经济结构同构化导致的规模不经济、重复投资、资源浪费等问题。在此基础上，差别化的货币政策工具对推动区域经济稳健增长和结构良性升级的作用才可能是积极有效的，而不是相反的。

在区域经济结构调整中，要坚持战略的全局性。其一是要将区域经济结构调整与全国经济结构调整的整体目标结合起来，避免区域产业结构趋同。国家要加强对各区域产业结构调整的指导，综合考虑各区域的比较优势，通过发挥各区域的比较优势，形成合理的区域分工合作关系。其二是要将区域经济结构调整与解决区域差距问题结合起来，把缩小区域经济发展差距作为制定区域经济结构调整战略的出发点和落脚点。其三是要坚持市场化导向，发挥企业作为市场主体在区域经济结构调整中的作用。

一、促进区域结构调整的财政政策选择

对于西部地区，财政需要进一步加大支持力度，支持重点可以放在基础设施、特色优势产业和生态保护等方面。

（一）在基础设施项目上

建议按照适度超前的思路重点推进西部地区的铁路、公路骨架网络建设，构建大交通大物流体系；同时加快建设西部地区的重大水利工程等农业基础设施，提高农业综合生产能力和农产品深加工能力。财政资金是基础设施投资的主力军，中央预算内投资需要继续向西部地区倾斜，地方政府做好相应配套。与此同时，结合投资体制改革，积极引入社会

资本投向西部地区的基础设施建设。在此方面，国家已经出台了铁路投资体制改革政策，中央设立了铁路发展基金。西部地区各省级政府应设立相应的铁路发展基金，吸引政策性金融机构、国家级和区域内大型企业集团参与相关建设；可以考虑通过特许经营权的方式盘活铁路沿线土地资源并带动项目建设。

（二）在产业发展方面

西部地区不能走重复建设的老路，必须依托自身比较优势走出一条差异化路径。财政重点支持建设西部地区产业基础平台，加快推进产业转移示范区建设，积极承接发达地区产业转移，结合各地区特点来发展区域特色优势产业，提升能源资源集约利用和深加工能力。对于重点领域，财政可以通过专项补贴、贷款贴息等手段进行必要的直接扶持，同时积极引导社会资本参与，并借助产业投资基金等平台加快产业集聚。

（三）在生态保护方面

可以利用税收杠杆对资源型企业按规定提取的环保资金给予税前扣除，从而鼓励其转变生产方式；同时加大投入力度，中央财政稳定地加大对西部地区生态保护工程的投入力度，实施退耕还林还草、防沙治沙、天然林保护和水土流失治理。另外，加快构建和完善生态补偿政策机制。对于生态补偿而言，中央财政对重点生态功能区加大均衡性转移支付力度，在西部地区加快建设生态补偿示范区，同时鼓励生态保护区和生态受益区之间实施生态补偿，逐步提高生态补偿标准，并将生态补偿领域逐步覆盖至森林、草原、湿地、流域和矿产资源开发等方面。

中部地区连接东部地区和西部地区，自身具备一定的产业基础，不少地区的区位优势比较明显，也有不少地区属于农业主产区。国家对中部地区发展的战略定位十分清晰，即粮食生产基地、能源原材料基地、现代装备制造以及高技术产业基地和综合交通运输枢纽（三基地、一枢纽）。

围绕这一战略定位，财政需要在基础设施建设、产业调整升级、发展现代农业和次区域发展等方面积极发挥支持作用。

中部地区的产业定位"夹心层"特点比较明显，产业结构调整压力较大，新兴产业发展基础薄弱，传统产业竞争力弱化，同时落后产能过剩现象也比较严重。因此，财政可以鼓励企业兼并重组，加快淘汰落后产能。由于战略性新兴产业和高技术产业的技术路线不确定性强，建议财政一方面给予相关企业合理的补贴支持，更重要的是通过支持产业园区、产业创新平台等途径促进产业合理聚集和健康发展；另一方面也可以利用产业投资基金等平台进行市场化的运作，降低相关项目过于依赖财政支持的道德风险。这就要求：支持产业转移示范园区建设，积极承接东部地区以及国外产业转移，提高中部地区的制造业承载能力。同时，积极支持关键技术研发和产业化应用，促进新能源示范工程、国家自主创新示范区等建设。

中部地区作为国家重要的粮食生产基地，加快发展现代农业意义重大。中央财政需要对其进行稳定投入，改善中部地区的农业基础设施，建议重点支持高标准农田、重大水利工程，并支持推广农业科技和深松整地等新型农业生产方式。同时，地方财政也应积极促进改善中部地区农村基础设施，中央财政要对此给予合理支持。

次区域发展与新型城镇化布局密切相关。一方面，针对长株潭城市群、武汉城市圈、太原城市群、皖江城市带等重点区域，建议合理提高开发强度，提高其产业支撑和人口承载能力，并以之为依托推进中部地区次区域协调发展。同时，由于核心城市较少，因此建议中部地区的次区域发展和新型城镇化重点面向中小城镇。考虑到中部地区县域经济相对落后和县级财力基础薄弱，建议加快推进省直管县的财政管理方式，提高其公共服务提供能力。

东部地区聚集了我国主要的经济总量，也是我国产业技术、人才智力等创新资源最为富集的地区。东部地区创新体制机制，率先实现转型升级，对于国家整体发展将发挥重要的战略性引领作用。

财政政策支持东部地区创新转型，建议在区域上以长三角、珠三角、环渤海及京津冀地区三大经济圈为核心，而政策支持重点为区域协同发展和推动自主创新。需要指出的是，由于发展基础较好，东部地区一般对资金供给方面的需求没有中西部地区强烈，往往对制度和政策供给的需求更为迫切。因此，财政有必要侧重从政策创新着手，允许先行先试，加大对东部地区的支持力度。

首先，促进区域协同发展。在区域产业分工和布局优化方面，财政可以利用补贴、税收等手段，引导企业加强技术改造升级，并整合完善既有的产业园区等公共基础平台，建设具有世界级水平的高端制造业基地。同时，向中西部地区和长江经济带等合理转移部分产业，对于在转型过程中出现经营困难的企业给予短期补贴，以便妥善安置企业员工和促进社会稳定。在区域基础设施建设方面，东部地区金融资源富集，市场机制和市场文化基础都比较好，因此有着独特优势。在发挥财政资金引导作用的同时，可以大规模推广运用PPP等模式，吸引巨量的社会资金投资于区域基础设施和综合交通体系建设，从而合理提高投资强度，并拓宽民间投资渠道。另外，统筹推进城市群布局，在东部三大经济圈建设高水平的城市群。

其次，推动自主创新。东部地区创新资源富集，也是我国创新成果最为丰富的地区。一方面，在财政方面合理加大财政投入，同时带动社会投入，提高区域创新投入强度。在投向方面，建议重点支持东部地区加强国家自主创新示范区建设，可以利用财政支持初期引导扶助、贷款财政贴息、研发费用税收抵扣等手段促进企业科技创新活动。另一方面积极利用东部地区发达的多层次资本市场和各类创业投资基金等平台，放大财政支持效果，实现财政支持的市场化退出。在加大投入的同时，更重要的是创新机制和完善环境，加快推进市场一体化进程，促进生产要素的自由流动和优化配置，完善以企业为主体的技术创新体系，建立产学研联盟，促进科技成果转化。另外，建议改进国有企业绩效管理，可以考虑对符合条件的国有企业或混合所有制企业推广技术入股和管理层股权激励，有效激发创新活力。

二、促进区域结构调整的货币政策选择

货币政策工具分为一般性货币政策工具和选择性货币政策工具。一般性货币政策工具即常规性货币政策工具，以总量调节为主，其作用的对象是货币和信用总量，包括法定存

款准备金政策、公开市场业务、再贴现和再贷款政策。选择性货币政策工具是对一般性货币政策工具的补充，包括直接信用控制、间接信用控制、优惠利率、消费者信用管制和房地产信用控制。

我国货币政策存在的主要问题之一是全国"一刀切"式的统一的货币政策，难以满足一些地区的实际情况。因为我国区域经济发展有明显的差异性和不平衡性，各地经济结构和发达程度不同、供需状况不同、消费能力和需求特点不同、信贷投资环境不同、防范处置风险能力不同、微观经济主体偏好不同，还有地域社会文化等方面的差距，降低了统一性货币政策的效果。

因此，运用适度差别化的货币政策工具对区域经济发展速度和稳定性的调控可以起到一定的作用。

运用适度差别化的货币政策工具必须坚持制度化方向，必须建立规范的授权方式和评价程序，以保证全局协调和区域金融稳定。不同于宏观货币政策的总量调控目标，差别化货币政策工具在调控区域货币资金总量的同时，更加注重区域经济金融结构调整。

（一）再贷款目标差别化

再贷款政策具有扶持欠发达地区经济和实现区域经济协调发展的功能。通过对欠发达地区加大支农再贷款及存款准备金等各项优惠政策的支持力度，支持金融机构加大对"三农"、中小企业等薄弱领域和区域的信贷投放，可以有针对性地增加欠发达地区信贷资金的可得性。

继续实行支农再贷款战略，扩大对中西部落后地区农业、农村发展的支持。以往的支农再贷款对农业、农村发展起到了支持作用，因此为了进一步满足中西部等落后地区农业、农村发展的需要，支农再贷款应更多地向中西部地区进行倾斜。在具体应用操作上，应该在再贷款期限、内容和再贷款利率上有所区别。在再贷款期限上，支农再贷款应针对不同农业发展需要对再贷款期限要有所区别，如支持林果业发展的再贷款期限要扩大到2年到3年之久等；在再贷款操作内容上要注重对农村产业结构的调整，促进农村向城镇化建设过渡；在再贷款利率上，发达地区与落后地区要有所差别，降低落后地区再贷款的利率水平。

加大再贷款对中西部等落后地区政策性金融机构的资金支持。由于资本的逐利性，通过商业银行对中西部和东北地区的工业、农业的发展进行资金支持是没有效率的，对再贷款进行分地区配给操作会引起商业银行的资金流入利润率较高的东部地区，导致再贷款政策效果大打折扣。因此，国家应该增加中西部地区政策性的金融机构，如增加国家开发银行、农业发展银行等金融机构的数量和对其加大资金支持，以此来加大对中西部地区的资金供给。

增加扶持再贷款数量。扶持性再贷款主要是扶持中西部和东北地区一些产业发展、基础设施和小城镇化的项目建设，促进产业结构的优化和中西部地区的城市化进程。扶持性的资金可以通过国家再贷款进行筹集，但应该对再贷款的时间期限进行规定。由于基础建设、小城镇建设的项目周期比较长，对再贷款期限也应该有所延长；在利率水平上，应降低对中西部等落后地区再贷款利率，减轻企业或政府的压力；在减少风险方面，扶持再贷款的担保机制建设。

（二）再贴现具体操作差别化

再贴现与地区经济发展相关度很大，中西部等经济发展落后地区票据市场不发达，通过再贴现工具操作，对中西部落后地区经济发展支持力度不足。对再贴现工具实行差别化，可以先通过支持经济落后地区票据市场结构的发展建设，再在具体操作手段上探讨再贴现工具的区域差别化。

1. 再贴现规模

对于再贴现的分配上，适当向中西部等欠发达地区倾斜。

2. 再贴现票据种类的调解

再贴现票据的种类，体现区域经济发展政策意图，引导金融机构的资金投向。

3. 管理权下放

把再贴现率的浮动权下放给分行管辖，给予中西部落后地区较高的浮动幅度比例。

（三）公开市场业务不能差别化

公开市场业务是中央银行公开买卖有价证券。这可以调解信用与货币供给，对各类金融机构的资产构成、资金运营等影响明显，但不能进行公开市场业务区域化操作。

（四）实行差别存款准备金政策

对不同区域和不同行业执行不同的存款准备金率，是中央银行积极应对市场变化而使货币政策更具针对性和灵活性的体现。利用差别存款准备金政策，可以引导商业银行对信贷进行合理投放，进而起到降低货币政策执行效果的区域差异作用。

（五）实行区域性利率政策

一是对中西部地区一些资金利润率比较低、银行贷差较大的落后地区设置一些优惠利率，使其与中西部企业的经济效益和承受能力相适应，降低企业的融资成本。优惠贷款应遵循财政贴息的原则，以弥补中西部地区金融机构由于贷款利率降低所带来的利润损失。二是在利率管理上实行分级管理和差别政策。在规定利率基准及浮动幅度的前提下，各区域具体的利率水平及内部结构等权限适当下放给各大区分行。

（六）窗口指导引导差别化

中央银行的"窗口指导"，虽然对商业银行等金融机构不具有硬约束，但可以通过中央银行分支机构对区域经济和金融发展状况的分析和对未来经济发展方向的说明以及风险预测和信贷指导意见等,向商业银行传递信号,引导银行资金投向未来有利于区域经济协调发展的产业或领域,为中西部地区的区域经济发展提供资金支持,促进产业结构的优化。

为促进中西部和东北落后地区经济发展,"窗口指导"工作应该集中在以下几方面。

第一,西部地区蕴含着丰富的稀有矿产资源、旅游资源、水能资源、生物资源、药材资源,这就要求中央银行应该根据中西部地区自然资源禀赋、农业地位的重要作用,加大对其特色优势产业的支持,将落后地区有限的资源集中使用,引导全国资金向落后地区流动;还应支持加强欠发达地区特色资源高技术、高水平的开发,培育高技术含量、高附加值特色产业,推动落后地区产业升级。

第二,中西部和东北欠发达地区一般基础建设需要的资金量大、周期长,但是资金供给不足,中央银行一方面需要加强欠发达地区信贷政策的指导并创新贷款担保方式和放松信贷期限;另一方面应鼓励商业银行、证券公司等金融机构在落后地区建设分支机构,建立中小企业信用担保、再担保和担保监督体系。

(七)赋予中国人民银行地方分行更大的信贷政策自主权

在中国人民银行总行总体的指导性调控政策基础上,应赋予基层中央银行更大的信贷政策自主权。各分行可按照区域性经济金融的特点实行因地制宜、分类指导的政策,以便更有效地发挥信贷政策促进结构调整、优化资源配置的作用。

(八)顺畅货币政策传导渠道

我国货币政策的中介目标包括狭义货币供应量、广义货币供应量、现金及信贷规模等,由于我国货币政策传导的主渠道是信贷渠道,因此其中信贷规模是需要关注的主要目标。随着对外开放程度的不断深化和货币市场、资本市场的发展,汇率、利率及金融资产价格等中介目标的作用开始显现,中国人民银行应重视直接融资、民间信贷和海外投资对于货币政策传导机制的影响,加强对商业银行及民间小额贷款的管理。

1. 深化国有商业银行体制改革,完善经营机制

国有商业银行要改变高度集中的信贷资金管理体系的现状,应根据所在区域的经济发展状况、投资收益水平和信用度情况,对其分支机构实行区别对待的信贷政策。可根据当地经济金融运行状况划分不同的管理级次,扩大二级分行的信贷管理权限,对国家重点开发的经济区和国家产业重点建设区域内的项目建设实行倾斜政策,增大信贷资金的投放量。对部分信用度较高、资金成本承受力较强、经济前景较好的地区可加大贷款授权。

2. 资产负债比例管理的区域化

资产负债比例管理在强调商业银行经营中的"三性"原则的前提下,加强资产负债的规模与结构的管理和调整,注重商业银行经营中的资产负债间的动态均衡关系,它以一系

列的指标和比例关系来约束银行的经营行为。实行区域化的比例管理，应放宽中西部地区的商业银行资产负债比例管理相关指标要求，以增加其可用信贷资金，尽可能满足中西部经济发展对资金的需求。

3. 改善货币政策在农村的传导效果

首先，中西部地区要继续强化支农再贷款的作用，引导农户贷款特别是农户小额信用贷款的可持续增长。鼓励农村信用社大力发放小额信用贷款，放大基础货币在农村的乘数效应，增强货币政策传导效果。其次，应进一步发挥再贴现杠杆作用，对有市场、讲信用的农村经济组织特别是民营企业的商业票据敞开办理再贴现。最后，稳步推进利率市场化，运用利益驱动机制，通过引导商业银行增强贷款定价能力，吸引商业银行进入收益风险比相对较高的农村金融领域。

第四节 城乡结构调整中政策工具的使用

城乡一体化是在我国改革开放取得巨大成就的基础上，为了缩小城乡差距、彻底消除二元结构所做出的重大战略决策。城乡一体化是在市场经济体制下进行的，但城乡一体化不是单纯的经济行为，而是广泛涉及政治、经济、社会的复杂综合行为，在其建设过程中，应该恰当发挥政府的调控作用，注重政策工具对城乡结构的调整作用。

一、恰当发挥政府在城乡一体化建设中的作用

首先，要辩证地看待市场与政府在城乡一体化过程中的关系。世界各国在缩小城乡差距、解决农村落后问题上，普遍实行的政府干预正是出于对市场机制这种局限与缺陷的弥补和纠偏。市场失灵的存在为政府宏观调控提供了可能性和必要性，但市场配置资源的基础性作用绝对不能由政府来代替。所以，在城乡一体化实践过程中，需要辩证地认识市场与政府的作用，既发挥市场对资源的基础配置作用，又重视政府的宏观调控作用。实践中，注重发挥市场与政府两方面的积极性，实现市场配置资源基础性作用与政府宏观调控作用的有机结合。事实上，在缩小城乡差距、消除二元结构上，只注重市场的基础性作用，不考虑政府的宏观干预，实践中只能使城乡差距越来越大，城乡一体化的实现成为梦想。

其次，恰当发挥政府在城乡一体化建设中的作用，就是要加快政府职能的转变，将政府以行政管理为主转变成为市场主体提供良好服务和创造健康市场环境上来。在城乡一体化实践过程中，政府职能的转变主要体现在以下几方面：一是为城乡一体化发展提供稳定、健康的运行环境。我国还是一个发展中国家，社会文明、公平、法治还没有达到非常成熟的程度，经济建设过程中存在的贪污腐败、分配不公、贫富悬殊都可能引起社会不稳定，政府在城乡一体化建设中需要发挥维护稳定的作用，保证城乡建设能在平稳、健康的

环境下进行。但政府需要掌握维稳的尺度，决不能借此干扰和影响城乡经济的正常运行。二是政府应统筹城乡发展，科学制订城乡一体化发展的整体规划，灵活运用财政、税收、金融等宏观调控手段，制定适当的、向农村倾斜的财税、金融政策，建立起有效宏观调控的长效机制，确保城乡一体化目标的实现。三是政府作为宏观经济协调者，积极创新有利于城乡一体化发展的各项制度，打破计划经济时期形成的城乡分治、部门歧视的制度性障碍，促进资本、技术、人才、经营管理、信息等生产要素在城乡间灵活流动，让市场配置资源的基础性作用得到体现。四是纠正市场失灵，为农村提供全面的公共产品。在城乡一体化进程中，政府的行为边界是市场失灵的发生。过去城乡发展的实践表明，城乡公共产品不平等供给就是市场失灵的主要表现，政府应该纠正市场失灵，最大限度地为农村提供教育、医疗卫生、社会保险、基础设施等公共产品。

二、加快推进户籍制度改革，消除城乡二元经济结构藩篱

我国是一个典型的发展中大国，与其他发展中国家不同的是，我国不仅具有二元经济结构特征，而且具有城乡分割的户籍制度。长期以来，以城乡分割的二元户籍制度为核心，形成了二元就业制度、二元收入分配制度、二元教育制度、二元福利保障制度、二元公共事业投入制度等，它们相互交错运行，维系并强化着我国特殊的二元社会结构。可以这样说，我国的二元户籍制度造就了特殊的二元社会结构，二元社会结构又固化了二元经济结构。

户籍制度是在我国特殊时期产生的，它的出现阻止了农村劳动力向城市流动，为我国工业化迅速发展、维护国家安全和社会稳定发挥了积极作用。随着我国市场经济的发展，诞生于计划经济时期的户籍制度越来越体现出它的不适应性和负面作用，尽管改革开放期间户籍制度在逐渐改变和更新，但要看到户籍制度仍然就像横亘于城乡之间的巨大障碍，将农村与城市鲜明地分隔开来，户籍制度的改革既紧迫又必要。首先，它阻碍了我国城市化的提高。户籍制度将农民固定在农村土地上，无论农民走到哪里，户籍决定他仍将是某地区农民，他无法享受趋向地的各种政策、福利，所有外出打工农民，不管多长时间都打算回家，也就出现了每年特有的春运大潮。其次，户籍制度阻碍了城乡生产要素的正常流动。农村剩余劳动力由于户籍制度的影响，不能正常到城市工作。反过来，农村缺乏城市的各类待遇，使城市的先进技术、管理人才无法被吸引到农村。再次，户籍制度影响了农村各项产业发展。在二元户籍制度影响下，农业无法吸引到有效资金和技术，农村无法吸引到城市工业和服务业。由此可见，我国城乡分割对立的二元户籍制度安排的结果，既阻碍了农业、农村的发展，也阻碍了城市发展，延缓了整个我国城市化的进程，严重束缚了城乡社会协调发展，使城乡差距日益扩大，进一步强化了我国城乡二元经济结构。只有彻底改革城乡二元户籍制度，才能真正加快我国城乡一体化发展。最后，现有的户籍制度无法对人口进行有效管理。改革开放以来，城乡人口流动频繁，从业结构日益复杂，农业与非农业户口已经不能准确反映居民的职业身份和居住区域，给人口登记、管理以及居民的生活带来许多不便，现行的户籍制度迫切需要健全和完善。

针对新时期经济建设和城乡一体化实践的需要，户籍制度的改革应该从以下几方面入手。

首先，应将户籍仅作为证明公民身份和国家统计人口的工具，不再是区别对待城乡居民的工具。计划经济时期形成的户籍制度，是政府进行人口流动控制、公民权利义务划分的有力工具。曾经有学者建议取消户籍制度，认为产生于计划经济时期的户籍制度已经不能适应市场经济的发展需要。但从改革开放的户籍管理实践以及从国外先进国家户籍管理的经验来看，户籍管理是证明公民身份的最佳手段，且能有效帮助国家进行人口统计管理，为国家经济社会发展提供准确信息。

其次，将附加在户籍制度上的福利从户籍本身上剥离。户籍制度是独立的，不应该与其他部门相联系，更不应具有复杂的功能。事实上，如果户籍在福利获得中不占决定地位，人们也就不会对户籍如此看重。过去，一旦获得城市户口，也就意味着获得城市居民的福利待遇，尽管这些待遇在近年来有所减少，但获得城市居民户口仍然是亿万农民的梦想。加上城乡设施建设的差别，新时期农民想要改变户籍的另一个目的是能够与城市居民一样享受到更多现代文明，能够为自己的子女铺平未来的发展道路。未来，人们获得福利或帮助不再依靠户籍，而是城乡居民同享国家赋予的、相同的福利与待遇。当然，在进行户籍与福利剥离的改革中，应该考虑城市的承受能力，这就需要在农村投入更多财力、物力进行生产生活改善，使居住在农村的人们也能享受到与城市相同的福利与待遇。同时，在户籍制度改革的同时，也需要相关部门进行相应的改革，减少附加福利与户籍制度的联系。

最后，实行城乡同一户籍管理制度，户籍制度不再成为人们迁徙、流动的阻碍。迁徙自由是人的基本自由和基本权利，不应有歧视，城乡统一的户籍制度以合法固定住所和稳定职业或生活来源作为户籍落定条件，而不管他是农民还是城市居民。当然，各地政府应根据当地经济和社会发展的实际需要及综合承受能力来制订城市人口发展规划，以落户条件取代计划指标。

三、促进土地规模经营，以增加农民收入

土地在我国曾经走过分散—集中—分散的变化过程。家庭联产承包责任制将中华人民共和国成立后土地集中经营形式彻底改变，为我国经济重新走上正轨、中华民族再次腾飞奠定基础。随着改革开放的深入，单家独户经营的形式越来越不适应城乡经济的进一步发展，土地规模经营的呼声越来越高。事实证明，土地规模经营能够有效提高农民收入。其原因有三：一是土地规模化经营提高了农业生产效率，提高了土地的经济效益。土地集中经营有助于采用新的机械、新的技术，能够提高农业生产效率。二是土地规模化经营提高了土地的利用效率。我国农村空心化现象不断出现，许多农民丢掉农具，进入城市，大量土地无人管理和无人耕种。土地规模化是一个从分散到集中、从粗放到集约的过程，是一个企业追求效益最大化的过程。规模化经营将会利用每一块可以利用的土地以提高规模化效益。三是土地规模化经营解放了部分农民，间接地促进了农业剩余劳动力的转移。当土地经过正常流转集中到少数经营者手中的时候，土地原经营者便可重新择业，或者进城改变身份，或者在规模化经营的土地上成为产业农民。

尽管土地规模化经营有助于提高农民收入和缩小城乡差距。但是，这一经营形式并没有在我国得到广泛推广，最主要的原因是我国农民不拥有完整的土地产权。在农民土地产

权不清以及城乡公共服务存在差距的情况下，土地规模经营必然受到影响。要看到，土地规模经营的推广是一个循序渐进以及与其他制度改革相互联系的过程。

上述问题应该从以下几方面来解决。

第一，给予农民完整的土地承包权利，调动农民流转土地的积极性。农民拥有完整的土地承包权是其愿意参与土地流转的前提，也是土地得以规模化经营的前提。完整的土地承包权包括对土地的占有权、经营权、收益权和处置权。农民承包土地后理论上享有了这些权利，但实际上农民作为土地承包者拥有的是不完全的承包权利。农民承包土地，拥有了土地的经营权、收益权，却没有拥有对于土地完全的占有权和处置权。在土地流转中这一点表现得非常明显，土地的处置权部分甚至大部分仍然掌握在发包者手中。这导致土地流转过程经常出现不平等交易，使农民利益受到侵害，降低了农民流转土地的积极性。显然，给予农民明确的、完整的土地承包权有助于土地流转和土地规模经营的形成。

第二，寻找适合土地规模经营的组织形式，让农民在规模经营中获得实实在在的收益。在土地流转、规模经营的发展过程中，逐渐形成了公司+农户、公司基地+农户、公司中介组织+农户以及股田制等新的农村土地经营模式。任何一种规模经营模式都需要考虑是否有利于农民得到实惠，农民的利益是否能得到保障，农民是否真心参与。只有得到农民认可和在农民自愿参与前提下形成的规模经营组织形式，才能顺利实施其经营活动，才可成为有效的组织形式。规模经营组织形式也要能够保证农民的短期和长期利益，以及要考虑农民的实际承受能力和农民的适应能力。

第三，培养农村规模化经营带头人、农民企业家，让土地规模经营扎根农村。推动农村土地规模经营除了资金、技术、组织形式，还有一个重要的要素就是规模化经营带头人或农民企业家。我国农村土地规模经营大部分发起者、推动者是村集体负责人。这些人也将改变土地经营状况和提高村民收入当作他们的分内之事。这样的考虑未尝不好，但由此阻碍了其他农民特别是在农村中具有一定威望、技术和思想并具有创新能力的农民的参与。培养规模化经营带头人、农民创业者、农民企业家首先应该从农村自身做起，实行村内民主和村务公开，让所有村民共享政策、信息、技术、市场等各项资源，减少村集体管理层和村民之间的隔阂甚至对立，使更多村民参与到农村变革的进程中来，以此发现、培养出可带领农民进行规模经营的、农民自己熟悉和信赖的企业家。另外，政府也应为这一进程积极出力，政府可利用自己的管理优势和信息资源优势，组织大专院校对农民进行创业及企业经营管理培训，激发农民的创业积极性，增加农村中创业者、企业家的数量，推动农村土地规模经营的发展。

第四，发展能使大多数农民愿意且有能力参与的富民产业。土地规模经营的参与者、实际操作者主要还是农民，发展农民熟悉的、大多数农民能够参与的产业对规模化经营有实际帮助作用。只要适合农民经营和农民乐意参与，就有可能发展成为规模产业。

第五，增加对农民的培训和培养，提高农民的素质和技能。规模化经营使得农民出现两种择业机会：一是继续在土地上工作，变传统农民为现代农民、产业农民。二是使农民转入非农产业，甚至离开土地而进入城市。适应这些改变，需要提高农民的素质和技能。除了农民自身寻找各种学习机会外，政府要在农村九年制义务教育的基础上，制定支持政策，加大财政资金支持，增加对农民的技术培训和职业素质训练，帮助农民提高劳动生产技能，使农民真正成为适应现代经济社会发展的人才。特别是使那些仍然依靠农业就业的农民，能够适应规模化经营的要求，在不离开家乡、土地的情况下，就可以改变身份，提高收入。

四、实行对农村倾斜的财政、税收、金融政策

缩小城乡差距、实现城乡一体化不但需要遵循市场规则并依靠市场力量，同时应积极利用政府各项优惠政策。城乡一体化是二次改革能否取得成效的关键，是能够使城乡居民公平享受改革成果、实现社会主义共同富裕目标的关键。增强农村经济实力，使之追赶上城市经济是城乡一体化的重点，但仅仅凭农村自身无法做到这一点，庞大的人力、物力、财力投入理应得到政府的支持，无论从经济意义上还是政治意义上，对农村倾斜的财政、税收、金融政策是应该的。

财政政策是政府干预经济运行的必要手段之一。市场经济运行规则下，政府完全可以运用必要的财政政策对农村经济给予支持。一是增加财政对农村公共品的供给数量。长期以来，国家财政关注的重点在城市，对农村公共品支出的比例一直较低，造成城乡在医疗卫生、教育、社保等方面的差距越来越大。特别是农村基础设施，由于得不到足够的资金去维护、保养和改造，越来越影响到农村经济的发展。在城乡一体化建设过程中，政府要增加财政在农村公共品上的支出，扩大农村基础设施建设的投资范围，将关乎农村经济发展的路、水、电、通信都当作公共物品，彻底改变农村愚昧、落后、吸引力差的面貌。二是调整财政支农政策，增加对农业的投入。农业产业化、土地规模经营是未来农业生产经营的主要方向。农业生产方式的改变首先需要改善农业基础设施，现代农业、特色产业都需要水、电、路甚至通信的配合，这些对于普通农民来说是无法完成的。实际上，农业产业化、土地规模化经营受益的不仅是农民，从长远看，包括政府在内的整个社会都将获益，政府完全可以将农业基础设施的改造作为公共物品进行投入，也可以先选择适于进行农业规模经营、产业化经营的地方投资改造，将其变成永久的固定设施。不管经营者改变与否，这些设施任何时候都能够使用。三是增加农业科研的财政投入。鼓励、扶持基础农业研究和农业生产技术推广，对于重点农业科研项目给予资金支持。同时增加农业教育的经费投入，兴办农业技术学校，为现代农业培养应用性技术人才。四是在城乡一体化建设中，保持一定资金用于农村生态环境改善和保护，不能让城乡一体化富了百姓，却污染了环境，而是让农村变得更适于生存。

在支持农村经济发展的政策中，税收政策也是一项必要的措施。尽管从2006年起，我国全面取消农业税，农民由此直接增加了收入，但在城乡一体化建设中，还可以在税收政策上做到支持农村。对于从事农业规模化经营、带动地方农业产业链发展的企业，以及能够带动大量农村劳动力就业的农村企业，给予一定的税收优惠。对于在农村经营中成为龙头企业，并能在农业生产技术、科研上有所突破、值得推广的企业，给予税收优惠。对于愿意稳定到农村投资并能吸纳相当数量农村劳动力的外来投资企业，给予税收优惠，如减税或给予一定时期的免税待遇。总之，通过税收倾斜，鼓励农民创业，吸引城市投资者进入农村投资，带动农村经济的发展。

农村经济发展缓慢的一个重要原因就是资金短缺。农村发展需要大量资金投入，但农村资金来源渠道窄，农民筹资困难。城市中随处可见的各种金融机构，在农村基本看不

到。农村仅能看到我国农业银行以及农村信用社,而且,这两家银行主要面对政府以及事业单位,农民从这些金融单位贷款非常难。城乡一体化必须对农村金融缺乏的现状做出改变,让农民创业有更多筹资渠道,有更为便捷的贷款手段。首先,增加农村金融机构,在农村除了农业银行和农村信用社外,应该有更多的银行、基金、保险机构进入农村,成为农民创业的筹资渠道。其次,大力推广小额贷款模式世界各地经验证明,"小额贷款"在对贫困或中低收入人群增加收入、对农村发展和减少贫困方面有很大的帮助。我国农村人口众多,而农村金融业并不发达,完全可以借助这一模式,带动农民投资创业,改变贫穷、落后状况,而不是仅仅将其作为扶贫工具。再次,争取中央信贷资金支持,政策性银行也应将农村作为贷款重点投向地,对农村发展有带动作用的中小企业提供专项贴息、低息优惠贷款,对其筹资给予积极支持。最后,积极为农村争取更多政府或国内外扶持资金,帮助农村进行基础设施等各项社会事业建设。

五、以城乡公共服务均等化缩小城乡差距

城乡公共产品供应差距既是城乡差距的表现,也是城乡差距的原因。众所周知,政府最基本的作用就是向社会提供公共产品。但是,长期以来,城乡居民享受到的公共产品并不相同,城市居民拥有的一些公共产品农民就没有享受到。城乡居民公共产品差异主要体现在准公共品方面,如教育、医疗卫生、基础设施、社会保障等方面。对于政府来说,改革开放使国家出现翻天覆地的变化,取得举世瞩目的成就,公共服务均等化的提出和实施是政府管理能力和管理理念的重大提升,是对改革以来城乡居民不能公平享受改革成果的改正。城乡公共服务均等化是公共服务均等化的重要内容,实现公共服务均等化得首先从城乡公共服务均等化着手。城乡公共服务均等化主要包括四方面内容:一是城乡教育均等化,需要统筹配置城乡教育资源,科学布局教育基础设施,同时借助市场机制和政府协调作用,推动城市优质教育资源转移到农村,帮助农村提高教育质量和水平,让城乡居民共同享有平等教育的机会。二是城乡医疗卫生均等化,建立覆盖城乡的医疗救助体系和预防体系,科学分配城乡医疗卫生资源,提高农村地区医疗卫生水平。三是城乡公共基础设施均等化,统筹城乡,科学规划,有计划、有步骤地加快农村交通、水电、通信等基础设施的建设,重点加强高原、山区等落后地方的道路改善,以及农村垃圾处理、污水排放等设施的改造。四是城乡社会保障均等化,加快农村社会养老保险、失业保险制度建设,提高农村养老、医疗、失业保险的质量。同时关注城乡最低生活保障制度,逐渐拉平城乡最低生活保障水平。

城乡公共服务均等化是一个复杂的系统工程,需要各部门相互配合、循序渐进。其一,要转变观念,明确城乡基本公共服务平衡供给是政府应该具有的职能,政府在公共产品投入上不再偏向城市、忽略农村,农村同样重要。其二,逐步解决基层财政收入不足、没有能力提供足够公共产品的难题,逐步改革和完善公共财政体制,无论是下放财权以提高基层财政部门支出能力,还是增加税收返还额度,都是要保证基层政府有能力向农村提供公共产品。其三,完善农村教育、医疗卫生、社保等公共服务制度。对于农村教育,逐步提高对农村教育的投入,改善教学设施和教师待遇,引进优质教师资源。对于农村医疗卫生,增加对农村医疗卫生的投入,改善农村医疗卫生设备,完善新型农村合作医疗制

度，同时实施农村医疗救助制度，解决农村特困人口的医治难题。对于农村社会保险，应依据不同地区的经济发展情况，拓宽农保基金来源渠道，尽快制定出适合本地区农村养老保险的制度。其四，逐步提高农村基本公共服务供给标准，缩小城乡公共服务供给水平差距，将农村公共服务纳入城市公共服务体系中去。其五，随着农村公共产品供给的增加，尽快制定城乡统一的公共服务供给制度，取消城乡不同的公共产品供给，最终实现城乡公共服务均等化。

六、经济、社会、生态协调发展，实现城乡一体化

城乡一体化是要使城乡居民平等共享社会发展取得的成果，这不仅要关注城乡经济协调发展，而且要明确城乡社会、生态协调发展对于城乡一体化同样重要。城乡一体化的发展必定是循序渐进的、阶段性的。在初期阶段，城乡一体化致力于缩小城乡差距、消除二元结构，同时关注城乡社会、生态的协调发展。在城乡一体化后期形成阶段，人们致力于提高生产水平、生活质量，城乡社会、生态将成为城乡一体化建设的重点。

（一）城乡经济一体化

城乡一体化进程很大程度上取决于城乡经济发展水平；反过来，城乡经济发展也受到城乡一体化发展的影响，二者相辅相成。城乡经济一体化主要表现在三次产业在城乡之间的科学分布和协调发展上。在农村，努力改善农业生产经营方式，提高农业生产率，利用充足的劳动力和较为廉价的土地供给条件，选择适宜农村地区发展的第二、第三产业，优化农村产业结构，彻底改变农村经济增长方式。在城市，提升工业与服务业技术水平、管理层次，使之永远保持带动经济发展的动力。同时，增强对农村产业的支持力度，并向农村转移部分劳动密集型产业，充分利用农村资源优势，既降低了生产成本，又帮助了农村经济发展。总之，三次产业的科学分布加强了城乡经济联系，缩小了城乡经济差距，使得城乡经济充分结合、互为补充，最终形成产业结构高度匹配的城乡一体化的经济发展格局。

（二）城乡社会一体化

城乡一体化并不是要把农村变成城市，也不是要把城市变成农村，而是城市与农村相互吸收先进和健康的、舍弃守旧和不健康的东西的一个双向演进的过程。简而言之，城乡一体化建设的目的就是让城乡居民平等共享高度发展的物质文明和精神文明。由此，需要高度重视农村社会发展，在加快农村产业发展的同时，加快农村各项社会事业的发展，使得农民在教育、医疗、居住、就业、保障以及文化生活各方面尽快赶上城市的发展速度，达到城市同等发展水平。未来城乡一体化实现后，城乡居民的生活水平、生活质量没有区别，人们按照自己的喜好选择生活在城市或者农村，城乡社会文化完全融合。

（三）城乡生态一体化

改革开放以来，我国经济取得重大成就，但是这种成就是在资源受到极大损耗、生态

环境遭到极大破坏的前提下取得的。在为辉煌成就自豪的同时，需要对资源、生态环境的日渐变差做出反思。在城乡一体化建设过程中，除了城乡关系日益改善外，人地矛盾也将逐渐获得解决，最终形成城乡生态环境融合。所以，建设城乡生态环境时不能再坚持过去"先污染，后治理"的手段，而是要改为"边污染，边治理"，甚至利用现代先进技术实现对环境污染的预先控制，让城市变为适宜生活的"生态山水城市"，让乡村在保持和改善生态环境的同时具备高质量的生活条件，城乡保持人与自然的和谐相处。基于经济实力、科技发展水平的考虑，在城乡一体化初期发展阶段，对生态、环境的关注度和建设力度要低于经济、社会等因素，在城乡一体化发展到后期阶段，城乡居民高度富裕，生产力水平大为提高，人们更加注意生活质量和生活环境，有关生态、环境的城乡融合将会成为人们关注的主题。

第八章 绿色经济与可持续发展

第一节 可持续发展概述

一、可持续发展

可持续发展的概念包罗万象，综合分析来看主要包括了自然资源、GDP、环境因素和社会公平。现代社会的发展是经济、生态、人文的全面发展，主要分成三方面，即生态发展、经济发展和社会发展。可持续发展就是三者的协调一致，三者的可持续性统一。在理解可持续发展概念的时候，要注意全面性问题，不能忽略其中任何一项。

生态可持续发展是整个可持续发展系统的基础，也是重中之重，另外要以经济可持续发展为主导，以社会可持续发展为保证。生态可持续发展存在于经济可持续发展的基础上，现代经济社会系统是建立在自然生态系统基础之上的巨大的开放系统，以人类经济活动为中心的社会经济活动都是在大自然的生物圈中进行的。任何经济社会活动都要有作为主体的人和作为客体的环境，这两者都是以生态系统运行与发展作为基础和前提条件的。同时任何社会生产，不论物质生产，还是精神生产，以至于人类自身生产，所需要的物质和能量，无一不是直接或间接来源于生态系统。所以，在生态系统和人类经济社会活动中，生态系统是经济社会活动的基础。人类社会的发展必须以生态系统为基础。现在，越来越多的人认识到，随着现代经济社会的发展，必须考虑到生态环境改变对社会经济所起的决定性作用。现代经济社会发展必须以良性循环的生态系统及其生态资源持久、稳定的供给能力为基础，使现代经济社会的发展绝对地建立在它的生态基础上，并确保这种基础受到绝对保护和健全发展，使其能够长期地、稳定地支撑现代经济社会的健康发展。经济可持续发展是指发展不以伤害后代人的利益为前提来满足当代人的需求，保障人类发展的长期利益和后代人的持续收入。

经济可持续发展的关键要义就是着眼于解决当代的发展与后代的发展之间的协调关系，保障子孙后代的利益；要从这个基本立足点出发，优化社会总资源配置，从而解决好当代发展过程中经济社会发展和生态环境改善之间的协调关系，并形成相互适应的良性循环，不断提高保证人民群众目前需要和长远需要的供给能力，这就把人类发展的长远利益和眼前利益、局部利益和整体利益结合起来，以便满足当代人的需求和后代人的需求。因此，经济可持续发展的一个重要方面就是经济增长和人们生产经营活动的可获利性，它要求国民经济系统保持它的产出水平等于或大于它的历史平均值的能力，是个产出没有负增长趋势的系统，而且经济增长既重视数量增加，又重视质量改善，还要降低消耗，节约资源，减少废物，提高效率，增进效益，力求经济增长和经济收益的变异性较低或最低，从而保证国民经济持续、稳定、协调发展。社会可持续发展是指这种发展既能保障当今社会多因素、多结构的全面协调发展，又能为未来社会多因素、多结构的全面协调发展提供基本条件，至少不削弱这种发展能力。这是一种长时期促进社会公正、文明、健康发展的社会全面进步过程。

社会可持续发展的核心就是以人为本，一切发展的目标是为了人和服务人，在新的时代背景之下人更加注重全面发展，在满足物质需要的基础上注重精神生活的充实，不断提高人的生活质量和社会的公平正义。发达国家强调环境持续优先原则，把可持续发展看成是保护与改善环境质量和资源，似乎可持续发展就是生态可持续发展。发展中国家强调经济持续优先原则，认为可持续发展更要注重经济发展，似乎可持续发展就是经济可持续发展。可持续发展之所以能为发达国家和发展中国家普遍认可和接受，原因在于发达国家和发展中国家之间存在一个结合点，即双方都希望生态环境与经济社会协调发展，实现它们之间的紧密结合和有机统一。一个国家的发展不光要追求经济效益，而且要讲究生态环境效益和社会效益，强调经济活动的生态合理性和公平性，摒弃有害于环境保护和资源永续利用的经济活动方式，达到经济效益、生态效益和社会效益的统一。这样，既能满足人类的各种要求，又能保护生态环境和资源，还不危及后代人的生存和发展。

二、经济可持续发展

经济的可持续发展要求人们正确处理两个关系：一个是经济发展与资源环境的关系，另一个是当代经济发展与后代经济发展的关系。经济发展要与资源环境协调一致，坚决杜绝以牺牲环境为代价的经济发展模式，把环境保护和经济发展协调起来，寻找最优组合点。有一些发展中国家为了提升经济实力以牺牲环境和资源为代价发展经济，虽然解决了当代人的生存发展问题但是给后代人留下了隐患。

经济可持续发展主要包括五方面的内容。

第一，经济可持续发展要以自然资源为前提，同环境承载能力相适应。经济可持续发展强调经济持续发展的资源基础的维持、发展和能力建设，它特别强调环境承载能力和资源永续利用对经济发展进程的重要性和必要性。如果未来人口不增长，经济可持续发展意味着未来人拥有与当代人同样的资源基础，以获得同样的福利产出。如果人口将持续一段时期的增长和生活质量的上升，经济可持续发展就意味着人类的资源基础必须获得相应的发展。经济可持续发展的实现，要运用资源修复原理，增强资源的再生能力，引导技术变革使再生资源替代非再生资源，并运用行之有效的政策，限制非再生资源的利用，使其趋于合理化。在经济发展的同时必须保护环境，必须改变以牺牲环境为代价的生产和消费方式，控制环境污染、改善环境质量，同时要保护生命支持系统、保持地球生态的完整性，使人类的发展保持在地球承载力之内。传统经济核算中被称为利润的那部分产出中有一部分应被视为资源转移或资源折旧,利润的这一部分只能用于资源的维持和替代资源的开发,只有这样的经济发展才是可持续的。

第二,经济可持续发展并不否定经济增长,但要重新审视实现经济增长的方式。经济可持续发展反对以追求最大利润或利益为取向,以贫富悬殊和资源掠夺性开发为特征的经济增长,它所鼓励的经济增长应是适度的,注重经济增长质量提高。经济可持续发展是以低度消耗资源的国民经济体系为运行机制和基本途径。以耗竭资源为基础的消耗型经济,只能是暂时的、不能持续的。经济可持续发展强调资源再生能力,合理开发与利用资源,降低资源的消耗,提高资源利用率和人口承载力;反对掠夺开发与恶性开发,制止高消费与恶性消费,杜绝挥霍浪费。这样,才能实现经济效益最佳、生态效益最好、社会效益最优的有机统一。

第三,经济可持续发展要求实现公平与效率的统一。公平主要指人类在分配资源和获取收入或积累财富上机会的均等。经济可持续发展要求给世界同代人以公平发展的机会,改变富国利用发展中国家的资源来实现自己的经济增长;要求在国家的范围内给予人民全面参与政治、经济和社会生活的权利;创造制度条件使人们在市场竞争中处于同一起跑线上,采用经济政策消除悬殊的贫富差距。同时,应该认识到全人类赖以生存的自然资源是有限的,一代人不能为了自己的发展和需求而损坏后代人利用自然资源和生态环境的权利,而应自觉地考虑到资源的代际公平分配,明智地担负起代际之间合理分配资源和占有财富的责任。效率是指资源的有效使用和有效配置,它是经济可持续发展的内在要求。在经济发展过程中,有限的资源必须得到优化配置和合理利用。在公平与效率的关系问题上,经济可持续发展认为两者相辅相成、互相促进和高度统一。一方面,增加效率,提高生产力为公平地分配资源和收入再分配提供物质基础;另一方面,发展机会的均等必然会提高人们的生产积极性,从而促进效率的增加。

第四,经济可持续发展与知识经济有着自然的联系。随着部分发达国家完成了工业化进程,知识经济的雏形已在少数发达国家中产生,知识在经济中的作用显著增强,从而为人类经济活动减轻对资源、环境的压力提供了可能。经济可持续发展促进知识经济的诞生,为知识经济的形成和发展提供了一个人与社会,经济与自然协调发展的环境。反过来,只有发展知识经济才能实现经济可持续发展。在农业经济和工业经济时代,自然资源是经济发展的主要物质资源,而在知识经济中,知识减少了人们对原料、劳动、空间和资本的需要而成为经济发展的主要资源。知识使得人们把自然资源的潜力充分发挥出来,并加以合理有效地利用。知识和技术进步又是原材料革新的动力源泉,不可再生资源的利用越来越被新的物质所代替。知识与技术对环境的影响是巨大的。环境污染本身主要是当代工业生产对资源的滥用引起的,而以环境清洁技术为标志的环保产业的迅猛发展正是知识经济发展的结果。知识经济本身就是促进人与社会,经济与自然协调的可持续发展的经济。

第五,经济可持续发展以提高生活质量为目标,同社会进步相适应。经济可持续发展要满足现代人的基本需要,包括物质的、精神的和生态的需要,提高人的素质,实现物质文明、精神文明和生态文明的高度统一与协调发展。经济可持续发展是一个涉及经济、社会、文化、技术及自然环境等的综合性概念。实行经济可持续发展,不能把经济、社会、技术和生态因素割裂开来。

三、绿色发展

绿色发展是在新的时代背景之下产生的一种新的发展模式,绿色发展要受到环境和资源承载力的约束,通过保护自然环境实现可持续发展的一种新型理念和模式。绿色发展的核心要素是合理利用资源、保护环境和维护生态系统平衡。绿色发展的目标是实现经济、社会、人文和环境的可持续发展。绿色发展的途径是依靠绿色环境、绿色经济、绿色政治和绿色文化等实践活动实现生态化的发展目标,最终实现人与自然协调发展的目标。因此,绿色发展成了当今世界的重要发展趋势,许多国家在绿色理念的指导下,把绿色发展作为推动本国社会发展的重要举措和基本国策。可遗憾的是,至今为止,对于绿色发展概念的界定,尤其是对其内涵的解读始终没有一个科学和清晰的共识。这不仅导致概念使用上的混乱,而且不利于绿色发展本身的理论建构,更不利于制定针对性政策,以充分发挥其对发展实践的指导作用。在绿色发展这个系统概念中,内含着绿色环境发展、绿色经济发展、绿色政治发展、绿色文化发展等既相互独立又相互依存、相互作用的诸多子系统。

(一) 绿色环境发展

绿色环境发展是绿色发展的自然前提。绿色环境发展是指通过合理利用自然资源,防止自然环境与人文环境的污染和破坏,保护自然环境和地球生物,改善人类社会环境的生存状态,保持和发展生态平衡,协调人类与自然环境的关系,以保证自然环境与人类社会的共同发展。工业革命之后,地球环境因为煤炭等化石能源掠夺性的大量采用开始从传统的绿色走向了灰色,由此导致的环境污染和生态失衡直接危及人类的生存。一般而言,地球环境问题主要包括环境污染和生态破坏两方面。环境污染指人类活动产生的废水、废气、废物对自然环境的伤害;生态破坏指人类活动造成的生态结构失衡和生态系统再生能力丧失。当人类向环境索取资源的速度超过了资源再生的速度,或向环境排放的废弃物超过了环境的自净能力时,势必导致地球生态系统失调,使得自然环境和人文环境质量迅速下降,最终直接危及自然和人类的生存与发展。

一方面,人类的发展离不开绿色环境提供的各种自然资源和人文资源;另一方面,绿色环境发展又是人与自然保持和谐、人类文明得以延续的保证和前提,是社会可持续发展的必要条件。因此,面对愈益广泛和严重的全球环境生态问题,绿色环境发展刻不容缓。当人类把掠夺和征服自然视为某种价值实现时,环境污染、生态破坏、人类生存危机的出现就不可避免。人类目前所面临的所有环境问题和生存危机,是在拥有空前发达的科学技术和先进生产力的背景下产生的。先进生产力虽然给人们带来发展的繁荣和福音,但也导致了自然环境、人文环境、生存环境的多重危机。这意味着绿色环境的发展并非单纯先进的生产力和发达的科学技术水平所能决定的,意味着绿色环境的健康发展,首先要解决的不是科学技术的手段问题,而是人类的生态理念和对绿色环境发展的认知问题。这就要求我们必须把绿色环境发展与可持续发展理念紧密联系起来，并将其放到生态文明建设，以及重铸人类社会发展价值目标的大背景中去加以反思。承认自然环境的绿色价值，追求天人合一的境界，尊重并维护绿色环境系统的完整、稳定、永续，这是人类社会得以进一步发展的前提，更是人类文明得以延续的保证。近代以来，单纯追求无发展的经济增长所导致的发展异化现象，使人们深刻认识到：绿色环境发展是可持续发展思想的具体体现，更是可持续发展战略的实现形式和必由之路。

可持续发展在鼓励经济增长的同时，强调通过发展的综合决策，做到自然资源的永续利用和生态环境的健康发展，力图通过人与自然的和谐发展，实现环境保护目标、经济增长目标和社会进步目标。可见，一方面，绿色环境发展是实现可持续发展的前提；另一方面，也只有实现了可持续发展，绿色环境发展才有可能。

（二）绿色政治发展

绿色发展的制度保障是绿色政治的发展，绿色政治把反对环境污染、维护生态平衡作为社会政治发展的基本出发点和最终归宿，构建能够保护自然环境、保障生态健康发展的政治结构模式，以建立公正、平等、和谐的政治民主、公民自由的生态社会新秩序。

绿色政治理念最早可以追溯自启蒙时期的思想家让-雅克·卢梭（Jean-Jacques Rousseau）。卢梭认为：具有原始状态特征的自然可以最充分地展示和表达人之内心状态、完整人格和精神自由，而所谓的人类文明反而是对人之心灵的关押和奴役。为了摆脱社会的压迫，抛弃文明的偏见，卢梭呼吁让人类回归自然。此言虽然有失偏颇，但毕竟是人类绿色政治理念的萌芽。尽管启蒙时代就产生了最早的绿色政治理念，但是，绿色政治思想的体系化以及绿色政治作为一种思潮的迅速发展却发生在20世纪70年代。面对工业革命造成的全球环境和生态日趋严重的污染和破坏，人类的生存危机空前严重地凸显，发达工业化国家的环保人士组成了绿色和平组织，从政治的高度反对传统政治制度和经济发展模式对地球生态系统的忽视和破坏，呼吁实现国际社会中不同群体、不同阶级、不同性别、不同种族之间公平对待、和平共处的新型政治关系。通过将环保问题演化和转型为政治问题，使生态思维、生态理念、生态诉求开始进入了政治领域。这一明晰的绿色政治思潮突破了传统的意识形态界限，逐渐形成了外国的绿色政治运动和愈益具有影响力的政治力量。尤其是20世纪90年代以来，世界绿色政治运动非常明确地从单纯关注生态环境问题，转为关注公众与政府共同担忧的可持续发展问题，尤其关注发展过程中公共决策和政治运行过程中的绿化问题，并将生态智慧、社会正义、草根民主、非暴力、全球责任、尊重多样性和永续发展等作为绿色政治组织的基本信念、指导原则和价值追求。

绿色政治发展是一种完全不同于传统政治发展的政治思维新模式，它将自然关怀和环保理念引入政治维度，引导人们通过协调人类与自然关系的路径来实现社会的政治发展。绿色政治发展不仅挑战了传统人类中心论的思维模式，也扬弃了生态中心论的思维模式，向人们展示了一种全新的绿色生态政治的发展观。21世纪的人类愈益清晰地认识到，实现人与自然共生共荣的绿色发展目标，仅仅依靠绿色环境发展和绿色经济发展是难以如愿的。要解决环境问题，保持经济与社会的协调和持续发展，绿色政治理念和绿色政治发展是必不可少的。历史唯物主义认为，经济与政治的关系是辩证统一不可分的，经济发展虽然是政治发展的基础和前提，但是，倘若没有适应经济发展的政治发展在制度层面的保驾护航，经济发展便会停滞不前甚至倒退。绿色经济发展目标的实现，有赖于通过绿色政治发展，追求人类自身的和谐，不断优化人类的政治生态环境。无疑，绿色发展并非局限于绿色环境发展和绿色经济发展，还逻辑地包含了绿色政治发展，以及绿色政治发展过程中，要解决的人权问题、基层民主问题、妇女问题、贫困问题、和平问题等直接决定着人类社会能否实现可持续发展的诸多重大的政治课题。倘若不能解决这些世界性的重大政治问题，那么无论是绿色环境发展还是绿色经济发展都是徒有形式毫无内容的空壳。在我国，从可持续发展战略到落实科学发展观再到生态文明社会建设，完成了生态问题向政治问题的转型，既为绿色和科学的发展提供了政治上和制度上的有力保障，也使生态问题在政治层面得到了空前的重视。

进入21世纪后，人类的最大危机是在恶劣环境下的生存危机，由此导致了政治主体利益诉求的重大变化——维系政治主体之纽带的不再是阶级利益，而是整个人类共同面临的生态利益。传统的、反差鲜明的多色政治被当代的绿色政治所取代，它主张按照生态要求重新确认人与人、国与国、民族与民族之间的政治关系，强调从人类整体利益的角度对人类的发展目标、政治结构和政治原则进行必要的调整。正是在这一绿色政治理念的支撑下，我国在国际社会环境政治博弈、气候政治博弈日趋激烈的21世纪，非常睿智和前瞻地放下了冷战时期所有意识形态之争，与国际接轨，以共同应对今日环境恶化之危机。并在应对危机的过程中，抓住机遇，获得了令世界瞩目的快速发展。当环境问题成了国际社会日益关注的政治问题时，绿色政治希望通过反思国际政治发展，确立绿色政治意识，强化人类的地球意识和生态安全意识，重新探索国际协作的方式和途径，尤其要抛弃将环境问题意识形态化的冷战思维模式，促使越来越多的政治决策摒弃意识形态偏见，关注全球的生态效益和人类与自然的共同发展。

（三）绿色文化发展

绿色文化发展是绿色发展内在的精神资源。传统意义上的绿色文化大都是狭义上以绿色植物为标志的文化，诸如森林文化、环境文化、林业文化、草原文化、花卉文化等。随着环境危机的日益严重化，以及可持续发展理念的日益全球化、深刻化，绿色文化的概念也从狭义走向了广义，不仅指一切不以牺牲环境为代价的绿色产业、绿色生态、绿色工程，而且还泛指具有绿色象征意义的生态意识、生态哲学、生态伦理、生态美学、生态艺术、生态教育等，可以彰显人类与自然可持续发展的文化。

据此，可对绿色文化做如下界定：作为一种文化现象，绿色文化是与环保意识、生态意识、生命意识等绿色理念相关的，以绿色行为为表象的，体现了人类与自然和谐相处、共进共荣共发展的生活方式、行为规范、思维方式以及价值观念等文化现象的总和。作为特定的时代产物，绿色文化反映了生态文化系统内部各要素之间的相互关系和相互作用。

其独特的内涵和发展，使之成为有别于传统的、新兴的、先进的文化类别。它既包括思想道德素质，也包括科学文化素质；既包括历史积淀的传统，也包括文化创新；既包括文化产品的生产，也包括软环境工程的建设。人类的生存发展既依赖于良好的自然环境生态，也离不开良好的绿色文化生态。

绿色文化生态的破坏，会因为直接割断历史文化传统，严重阻碍人类自身的发展。绿色文化发展是基于一定的绿色理念和绿色价值取向进行的文化行为。其表现形式多种多样，有附着于经济活动中的绿色营销、绿色设计、绿色消费、绿色管理、绿色旅游等盈利活动；有附着于政治活动中的绿色新政、绿色组织、绿色政党进行的环境保护、扩大民主、维护人类和平等政治宣传活动；有附着于非经济、非政治形式的绿色教育、绿色传播、绿色文学等文化宣传活动。绿色文化的发展可以改变人们非绿色、去环保的生活方式和消费模式，以创造有利于保护环境、节约资源、保护生态平衡的生活方式。

第二节 绿色经济与可持续发展的关系

一、可持续发展战略是人类社会发展的必由之路

可持续发展战略认为，社会发展应该是既满足当代人的需要，又对后代人满足其需要的能力不构成危害的发展。具体说，就是谋求经济、社会与自然环境的协调发展，维持新的平衡，制衡出现的环境恶化和环境污染，控制重大自然灾害的发生。它强调了发展的协调性，并认为发展与环境保护相互联系构成一个有机的整体。可持续发展的意义就在于，既要推动经济的发展，又要保护生态环境，使发展和环境趋于协调。可持续发展理论是在环境与发展的理念不断更新中逐步形成的，是对传统发展模式反思的结果。可持续发展是以环境条件为基础、生态环境为依托的发展。因此，经济发展、社会进步和环境保护构成了可持续发展的三大支柱，它是兼顾经济、社会和环境效益的综合性发展模式。近年来，随着环境与资源问题逐渐成为世界各国关注的焦点，人们逐渐认识到，经济繁荣景象的背后隐藏着资源环境危机。资源环境是经济发展的物质支撑，资源的耗竭、生态环境的退化是国家财富的重大损失。作为衡量一个国家或地区经济增长和繁荣程度的国内生产总值，它直接反映着经济增长的现实结果。

由于传统的 GDP 未将消费的资源、生态环境破坏造成的损失计算在内，其中心的意义是社会和个人的福利增加，不能全面反映一个国家的财富和经济福利，也就不能全面反映可持续发展水平。为了真实地反映 GDP，人们提出了绿色 GDP 的概念。近年来，一些发达国家纷纷对其国民经济计量体系进行了调整，以绿色 GDP 代替传统的 GDP。其核心是把产品生产、资源耗费的计量、管理与生态环境结合起来。绿色 GDP 是扣除环境污染、生态破坏损失后的 GDP。传统的 GDP 表述的是经济增长，而绿色 GDP 代表的是经济发展，

是真实反映可持续发展、社会福利、社会进步的国民经济指标。

目前，为促进可持续发展战略的实施，环境保护部决定采取以下六大措施促进循环经济发展：一是加快制定促进循环经济发展的政策和法律法规；二是加强政府引导和市场推进作用；三是促进经济结构战略性调整；四是倡导绿色消费；五是探索建立绿色国民经济核算制度；六是建立循环经济的绿色技术支撑体系。实现可持续发展，坚持以人为本，从人的因素着手，关注和解决人的问题；更重要的是提高人的素质和意识，提高人的环境意识，增强人与自然协调发展的观念；选择健康、文明绿色的生产和生活方式；培养人与自然协调共存的能力，才能从根本上解决环境资源的问题，从而真正实现可持续发展战略。

二、发展绿色经济是实现可持续发展战略的重要组成部分

当今世界，社会经济的绿色水平日益重要。要确保可持续发展战略的顺利实施，就绝不能走先污染、后治理的老路，必须在现有的条件和工作的基础上，充分利用经济手段和市场机制来促进可持续发展，同时达到经济快速增长、消除贫困和保护环境的目的。而同环保密不可分的绿色经济则能把环境保护和可持续发展统一起来。人口众多、资源利用率低、生态环境呈恶化的趋势，是不得不面临的严峻现实。随着绿色文明、绿色革命、绿色运动的蓬勃兴起，出现了巨大的绿色市场、绿色产业、绿色产品、绿色消费，全球进入了绿色生产力、绿色经济时代。绿色经济对保护和维护自然资源、生态环境及实施可持续发展战略重大的、长远的、全局性的效益是无可限量的。绿色经济是经济再生产与生态再生产相统一的持续经济，是在经济知识化和全球化条件下市场竞争与生态竞争相统一的持续经济，是经济效益、生态效益和社会效益相统一并最大化的持续经济。它强调以人为本，以发展经济，全面提高人民生活质量为核心，保障人与自然、人与环境的和谐共存，同时又能促进经济持续、快速、健康的发展，使自然资源和环境得以永久利用和保护。绿色经济的兴起，将会使国民生产总值以乘数效应增长，对经济产生巨大影响。由于发达国家的绿色壁垒，我国在加入WTO后，在国际贸易方面不断受到绿色壁垒的困扰。而发展绿色经济，将有助于绿色产业的兴起，有助于绿色生产力的实现，进而提高生产力的发展质量，有助于打破发达国家的绿色壁垒，提高我国经济发展的质量和国际竞争力。

三、在可持续发展战略指导下发展我国的绿色经济

我国的经济发展正处在工业化的高速起步时期，当代人类社会面临的一些问题，比如庞大的人口群、相对短缺的资源、不断加剧的环境污染等，在我国都有体现，大力发展绿色经济应成为我国发展可持续发展战略的重要组成部分。目标应该是在实现经济快速发展的同时，建立一个资源节约型的经济体系，以尽可能少的环境代价实现经济的快速发展。因此，如何在可持续发展战略的指导下打造我国的绿色经济，是摆在我们面前的一项重要任务。

建立绿色经济制度。发展绿色经济要以建立一系列的绿色规则和绿色考核制度为保障，即建立生态环境政策和经济一体化的经济制度。只有将自然资源和生态环境成本纳入

规范经济行为和考核经济绩效中,才能达到促进经济与资源环境协调发展的目的。

绿色基础制度。包括绿色资源制度、绿色产权制度、绿色技术制度、绿色市场制度、绿色产业制度、绿色产品设计制度等。从资源、产权、技术、市场、产业、产品设计等方面,为绿色经济发展提供基础和保障。

绿色规则制度。包括绿色生产制度、绿色消费制度、绿色贸易制度、绿色营销制度、绿色管理制度等。从生态环境和经济绩效方面,对各种经济行为进行规范和约束,实现在经济发展中对经济资源和生态资源实行有效的配置。

绿色激励制度。包括绿色财政制度、绿色金融制度、绿色税收制度、绿色投资制度等,为绿色经济发展提供动力机制和制度保障。

绿色考核制度。包括绿色会计制度、绿色审计制度、绿色国民经济制度等。定量地将生态环境成本的存量消耗与折旧及保护与损失的费用纳入经济绩效的考核中,实现对经济主体真实绩效考核。

推行绿色理念,开展绿色教育。目前,我国公众的环境意识依然薄弱,因此,通过宣传和教育,提高人们的生态和环境保护的意识,将是非常迫切的一项任务。所以,推行绿色理念,宣传和提倡绿色生活方式,倡导绿色消费,对决策管理者进行环境与可持续教育等都将有利于绿色经济的发展。

建立绿色国民经济核算制度。目前,我国的国民经济核算体系尚未将环境的投入(包括自然资源的投入、生态系统的投入和环境容量的投入)计算在内,一定程度上造成了某些地方为盲目追求 GDP 增长速度,忽视资源和生态成本,造成生态环境进一步恶化,也给国家经济发展带来了风险。各国的历史经验表明,单纯以经济增长为目标的发展模式不可能持续。因此,建立绿色国民经济核算制度已成为一项十分迫切的任务。绿色核算体系的建立将对实现经济增长、社会进步和环境保护的三赢目标具有广泛而深远的意义。

调整传统工业结构,发展绿色生产。首先,加快产业结构的调整和技术支撑,将现代科学技术渗透到资源的开发和利用中,用消耗少、效益高的高新技术来代替和改造传统产业,实现产业结构的优化,促使工业布局向资源节约型和质量效益型转变。其次,推行清洁生产,推广和应用清洁工艺和清洁生产是工业发展的国际潮流,是防治工业污染、保护环境的根本出路。因此,大力推行清洁工艺和清洁生产,将使我国的工业发展发生质的飞跃。将传统的企业非持续发展模式转变为现代企业可持续发展模式,实现绿色转型和绿色调整,建立生态化与知识化、可持续化与集约化相统一的新型绿色企业,使原来的产业形成既有利于产业发展,又有利于自然资源和生态环境的良性循环,将是 21 世纪企业发展的主导模式。

建设生态农业。我国正处在传统农业向现代农业转型时期。传统农业由于生产力水平低下,难以承载大量增长的人口。现代农业则由于化肥、农药等对环境和农产品的污染,危害人类的生存和发展,因此,合理利用生态资源,发展农业生物技术,发展生态农业,将是实现农业可持续发展的关键。

提倡绿色消费。绿色消费是一种以自然、和谐、健康为宗旨的消费形式。随着绿色潮流的到来,绿色消费已成为一种国际时尚。其产品按照有利于环境保护、符合生态规律的思路进行设计和生产。我国应大力发展绿色科技,开发、推广绿色产品,提倡绿色消费,使绿色消费成为一种自觉行动,以此来推动清洁生产技术和绿色产品设计的发展。虽然目前我国消费者的绿色消费意识逐渐增强,但与发达国家相比仍有待提高。通过多途径倡导绿色消费的观念,绿色消费观念将大大推动我国绿色产业的发展。

第三节 绿色发展与可持续发展

一、绿色发展与可持续发展战略的关联性

可持续发展战略是在人口、资源、环境日益严峻的背景下产生的,其是以保护自然资源环境为基础,以激励经济发展为条件,以提高人类生活质量为目标的发展战略,是一种新的发展观、道德观和文明观。在可持续发展中,人们的经济活动以及社会的发展不能超越资源和环境的承载能力,人与环境必须和谐相处,人类保护环境、爱护环境。只有保护环境,才能实现经济、社会的可持续发展。绿色发展战略是以效率、和谐、持续为目标的经济增长和社会发展方式。在现代社会发展过程中,绿色发展战略符合社会发展的要求,其出发点是保护环境,发展目标是实现经济、社会、环境的可持续发展。从而可以看出,绿色发展战略符合可持续发展的内在要求。在可持续发展道路中,保护资源、不断提高环境质量、减少污染是经济可持续发展的基础,而要促进经济的可持续发展,就必须做好环境保护工作,积极开展绿色发展战略。加快绿色发展一方面可以强化人们的绿色意识;另一方面还可以优化资源配置,减少环境污染,规范经济行为,提高经济效益,实现经济的可持续发展。

二、实现可持续发展与绿色发展的策略

(一)树立绿色观念

绿色观念既是实现绿色发展的根本,同样也是实现可持续发展的内在。企业要想实现绿色发展,获得好的经济效益,就必须树立绿色发展观念,强化环保意识。在企业发展过程中要摒弃先污染、后治理的道路,树立绿色发展观念,走出一条经济与环境协调发展的新道路。在企业经营过程中,要开展绿色营销观念,将环境因素纳入企业的决策要素中,寻找绿色消费者,打造绿色营销市场。为了使绿色产品顺利送达消费者手中,并且防止仿冒,民营企业要沟通并建立可靠、畅通的绿色分销渠道,选择有信誉的批发商、零售商,设立绿色专柜、绿色专卖店或绿色连锁店,开展生态商业销售活动。

（二）开发绿色产品

随着可持续发展战略的提出，人们已经认识到当前的环境形势，同时对绿色产品的需求也越来越大。绿色产品是绿色发展的重要内容，大力研发绿色产品既是可持续发展战略的内在要求，同时又是提高市场竞争力的有效手段。为此，在开发产品过程中，产品的开发要结合环境资源保护思想。在产品设计中既要考虑到经济效益，同时也要考虑到环境效益。要提高产品的使用效能，减少产品对环境的危害，加大产品的回收利用性，实现资源的循环利用。

（三）加强绿色管理

在现代社会发展过程中，环境问题的产生与管理工作有着直接的关联。在经济利益的驱使下，许多企业偏重于经济效益的创造，但是缺少对经济效益创造过程管理的重视，以至于在企业经济活动中对环境造成了破坏。在可持续发展理念下，保护环境、走绿色发展道路已成为社会发展的必然要求，但是要想实现绿色发展，绿色管理至关重要。绿色管理就是应用环境保护的思想观念开展管理工作。在企业发展过程中，企业要制定相关的管理制度，建立绿色操作规范体制，在生产过程中要按照规定穿戴衣帽，对那些不健康的行为进行严厉打击。同时，要加强绿色教育，强化绿色管理意识，对企业生产经营活动进行全面监督，确保企业生产经营活动全程绿色化。

（四）培养群众的绿色消费意识

在可持续发展道路中，环境保护离不开广大人民群众的参与。从某种角度上讲，群众绿色消费意识的高低直接影响着可持续发展。因此，在坚持绿色发展道路中，要加强对广大人民群众的绿色教育，提高人民的绿色消费意识。相关部门要善于利用一切可以利用的手段，如网络、广播、电视等向广大消费者宣传可持续发展、绿色发展的重要性，倡导广大消费者走绿色发展道路。大力倡导绿色消费，呼吁公民关注绿色消费，提高广大消费者的环境保护意识和绿色消费意识。作为消费者，在购买产品的时候应当优先选用绿色产品，抵制那些不健康、非绿色的产品，进而营造一个环保、健康、绿色的消费环境，使得那些非绿色产品没有生存的空间。

参考文献

[1] 任保平. 中国经济增长质量发展报告[M]. 北京：中国经济出版社，2019.

[2] 李裕鸿. 贸易与经济发展研究[M]. 合肥：中国科学技术大学出版社，2017.

[3] 权衡. 金砖国家经济崛起与新发展经济学[M]. 上海：格致出版社，2020.

[4] 罗富政，欧阳峣. 大国经济丛书：新兴大国的区域经济协调发展[M]. 上海：上海人民出版社；上海：格致出版社，2017.

[5] 王斐，王丽熏，马荷溦. 产业结构与城市发展管理[M]. 长春：吉林人民出版社，2020.

[6] 洪银兴. 经济运行的均衡与非均衡分析[M]. 上海：格致出版社，2020.

[7] 何芳. 土地经济与利用[M]. 上海：同济大学出版社，2020.

[8] 卢婧. 绿色经济与绿色发展丛书：低碳城市建设[M]. 北京：中国环境科学出版社，2017.

[9] 张岩，姜辉，罗纪恩. 中国城市经济发展理论与实践研究[M]. 长春：吉林人民出版社，2020.

[10] 孔群喜，李敏，彭丹. 新时代中国服务经济发展与思考[M]. 北京：中国经济出版社，2020.

[11] 韩永全，杨琳，乔新蓉. 经济结构发展与经济法新趋势探索[M]. 长春：吉林人民出版社，2019.

[12] 景世民. 山西经济结构变革与发展[M]. 太原：山西人民出版社，2019.

[13] 陈少克. 税制结构转型与经济发展方式转变 中国税制与经济发展方式转变的协调性研究[M]. 北京：中国经济出版社，2019.

[14] 钞小静. 经济增长质量论坛：结构性减速背景下的经济转型与高速质量发展（第1辑）[M]. 西安：西北大学出版社，2019.

[15] 郑长德，王英. 要素集聚、产业结构与民族地区城市经济发展研究 基于专业化、多样化视角[M]. 北京：中国经济出版社，2019.

[16] 孙尚清，张卓元，蔡中杰. 论经济结构对策[M]. 北京：知识产权出版社，2019.

[17] 胡秀群，李俊成，高健. 南海经济发展之海南金融[M]. 北京：中国经济出版社，2017.

[18] 张建华. 发展经济学[M]. 武汉：华中科技大学出版社，2019.

[19] 王金霞. 绿色经济与绿色发展丛书：绿色税收[M]. 北京：中国环境科学出版社，2017.

[20] 尹德伟. 海洋经济发展研究[M]. 北京：海洋出版社，2019.

[21] 谭崇台，王爱君. 发展经济学通俗读本[M]. 南京：江苏人民出版社，2017.

[22] 范红忠. 中国城市经济转型发展[M]. 武汉：华中科技大学出版社，2018.

[23] 薄海豹，肖本华.浦东新区经济社会发展热点问题研究（2016版）[M].上海：上海交通大学出版社，2018.

[24] 建军.中国储蓄投资转化与经济结构转型[M].武汉：湖北人民出版社，2017.

[25] 刘洁，陈静娜.区域发展的经济理论与案例[M].北京：海洋出版社.2019.

[26] 李伟.中国经济新征程：结构改革与长期增长潜力[M].杭州：浙江大学出版社，2018.

[27] 王关义.经济管理理论与中国经济发展研究[M].北京：中央编译出版社，2018.

[28] 李勇.发展战略、产权结构和长期经济增长[M].北京：中国经济出版社，2017.

[29] 王慧.金融结构与实体经济发展互动机制研究[M].北京：中国时代经济出版社，2017.

[30] 江激宇，张士云.城乡融合视角下县域经济协调发展研究[M].合肥：中国科学技术大学出版社，2018.